동물의 호의에는
이유가 없어서

# 동물의 호의에는
# 이유가 없어서

김동영(김줄스) 지음

악어, 나귀 그리고
들풀이 보여준 날들에 대해

인디펍

목차

## 1장

1. 수족관의 VIP 고객 ········· 019
2. 청계천 파충류 시장의 현실 ········· 029
3. 첫 거래, 그리고 ········· 038
4. 분주해진 3평 매장 ········· 051

## 2장

1. 저변 확대의 시작 ········· 071
2. 유튜브를 시작하다 ········· 082
3. 악어 키우는 김줄스 ········· 095
4. 동물은 모두 똑같은 생물이다 ········· 111
5. 함께한 동물들만 등장하는 유튜브 ········· 117

## 3장

1. 민감한 주제도 다루고 싶었다 ········· 125
2. 앎이 필요한 파충류의 사육 환경 ········· 135
3. 연못을 만들기로 했다 ········· 142
4. 귀농을 할 생각은 없었다 ········· 153
5. 식물을 알아가다 ········· 164

## 4장

1. 가물치 연못의 생물들 ········ 183
2. 공사를 또 ········ 191
3. 오리 연못을 만들기로 했다 ········ 196

## 5장

1. 동물의 집을 만들다 ········ 225
2. 농가에 한 발 들어가 보니 알게 됐다 ········ 241
3. 김줄스 채널에 대해 ········ 250

## 6장

1. 연못 만들기 ········ 261
2. 계절별 연못 관리법 ········ 278
3. 생태계에 대한 이해가 먼저다 ········ 287

에필로그 ········ 294

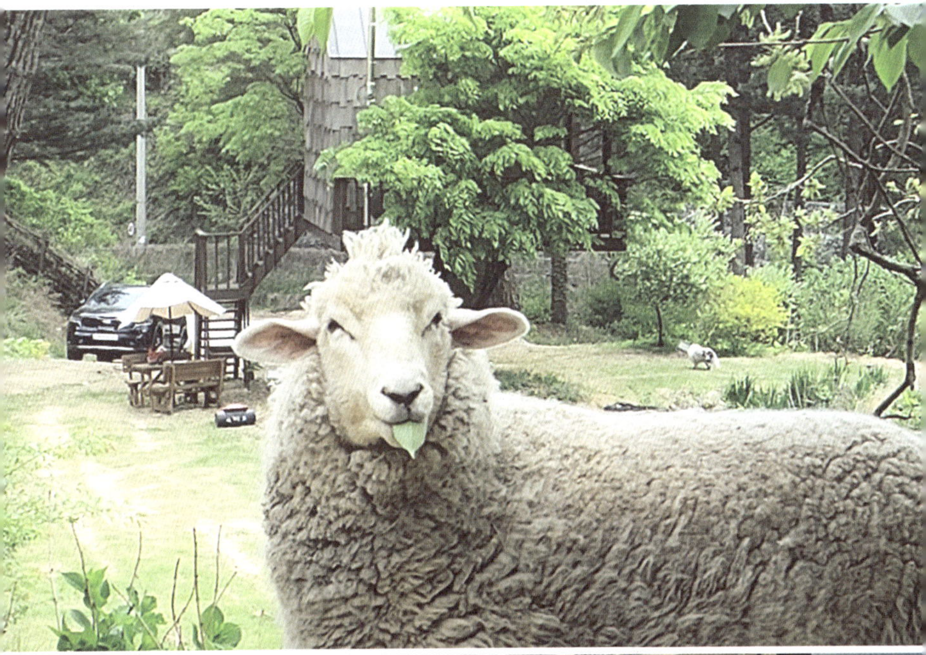

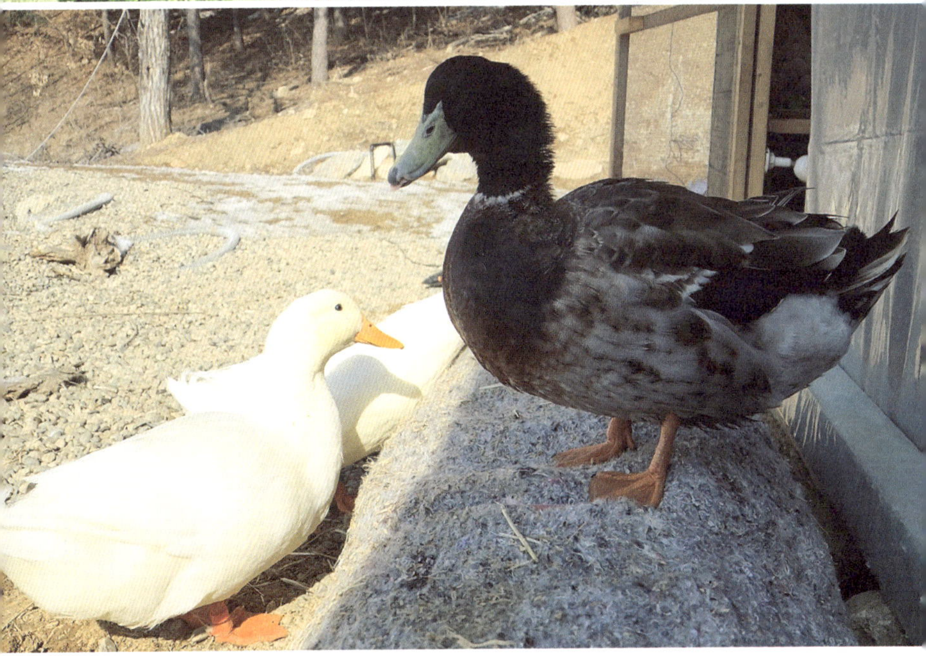

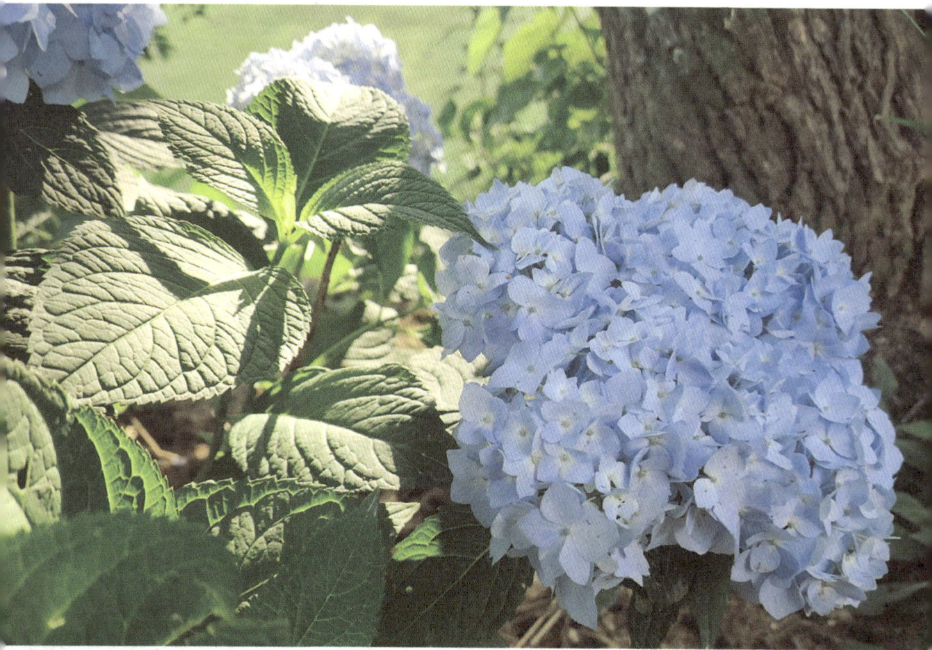

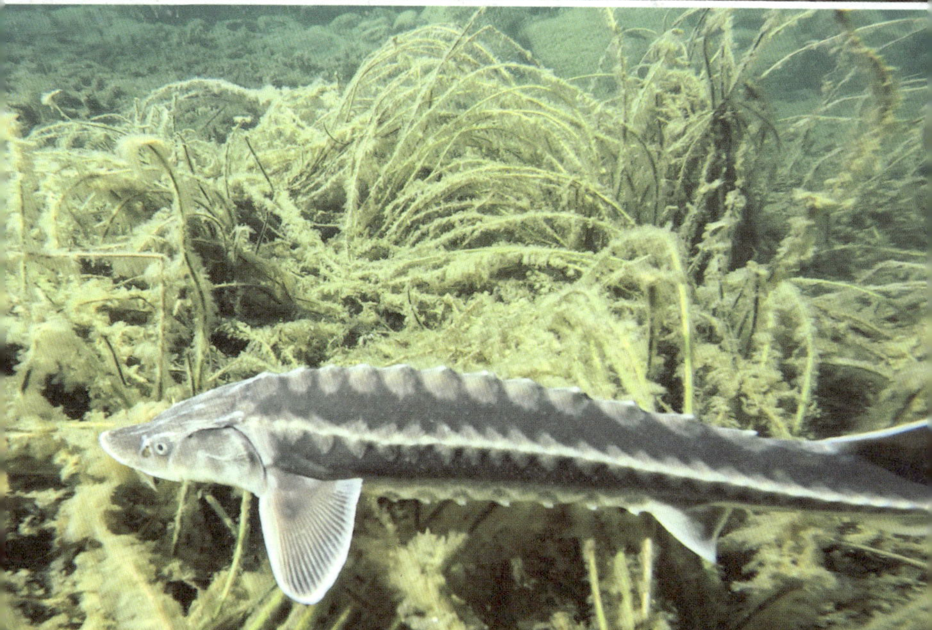

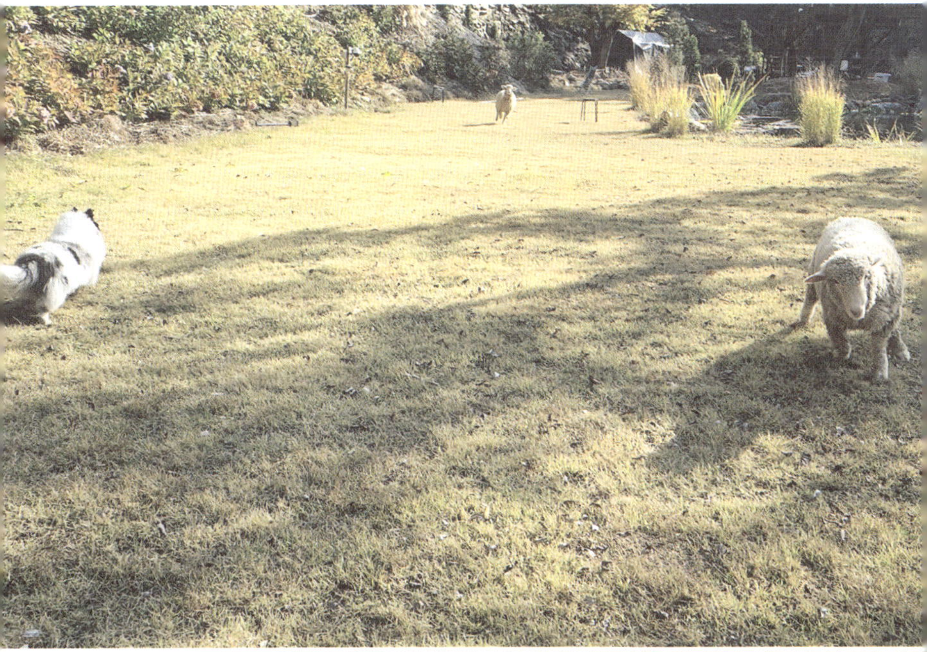

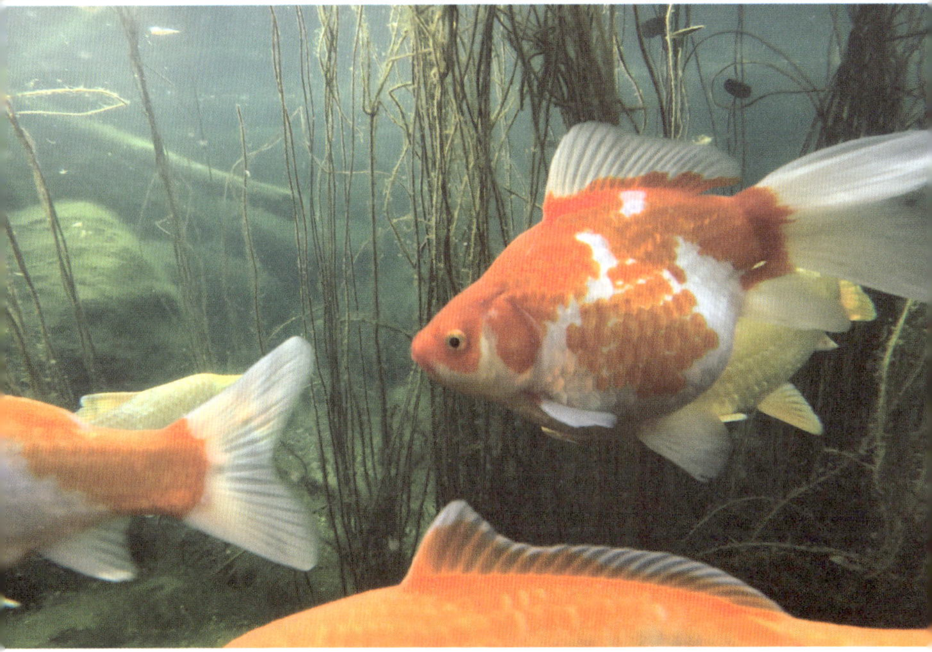

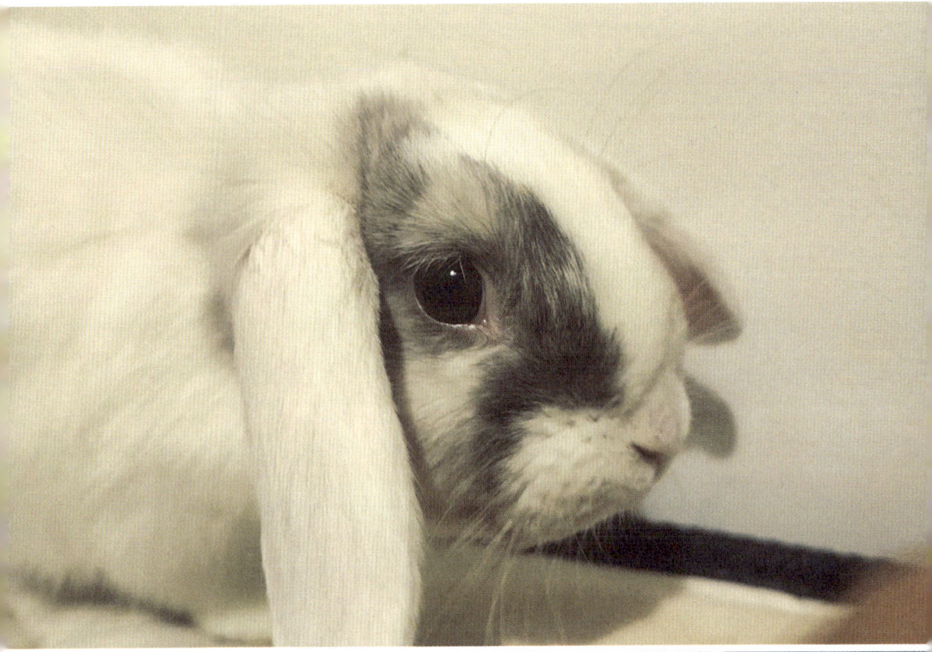

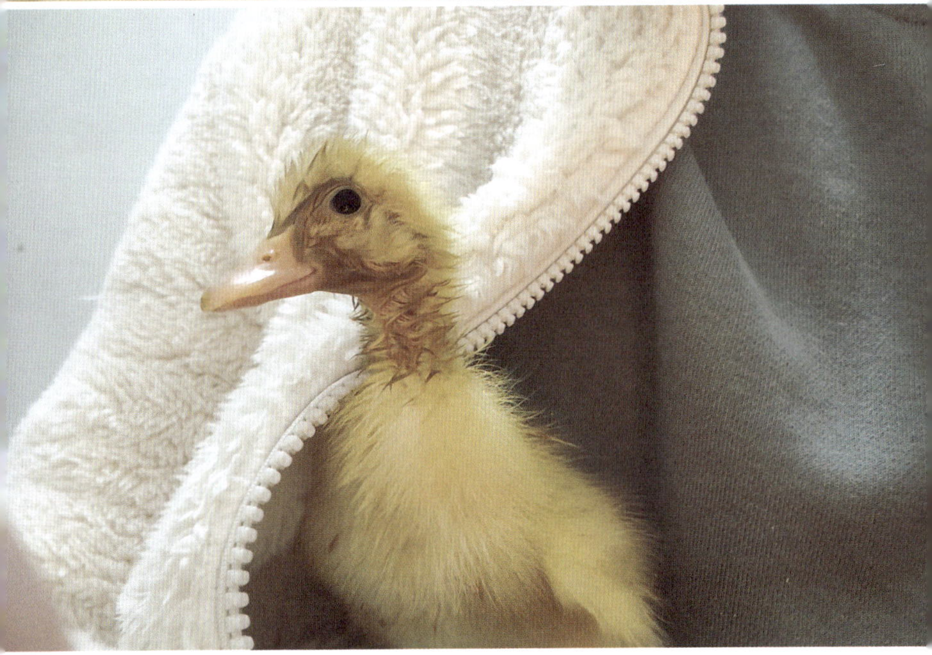

chapter

# I

1. 수족관의 VIP 고객
2. 청계천 파충류 시장의 현실
3. 첫 거래, 그리고
4. 분주해진 3평 매장

# 1.
# 수족관의 VIP 고객

"동물을 언제부터 좋아했어요?"

동물 관련 일을 시작하면서 가장 많이 받았던 질문이다.

"왜 동물이 좋았어요?"

다음으로 따라오는 질문은 이거다.

뻔한 대답이지만 어린 시절부터 그저 동물이 좋았다. 어머니께서는 내가 놀이터에서 미끄럼틀을 타거나 친구들과 뛰어노는 모습은 거의 못 보셨다고 한다. 주로 혼자 구석에 쭈그리고 앉아있었는데, 가까이 다가가 보면 줄지어 가는 개미들을 가만히 보고 있었다고 했다.

자세하게 기억이 나지는 않지만, 떠오르는 추억 몇 가지가 있다. 어린 시절 사슴벌레를 키우고 싶어 온 동네 뒷산을 누비고 다닌 때가 있었다. 그런 나를 위해 일흔이 넘으신 할아버지가 직접 뒷산을 오르고, 썩은 나무를 패셨다.

동물·식물·곤충·어류 등 가리지 않고 백과사전을 닳도록 읽었던 것도 생각난다. 지금처럼 스마트폰이 있거나, 각종 인터넷 커뮤니티로 관련 자료를 쉽게 접할 수 있는 환경도 아니었다. 어린 내가 찾아볼 수 있는 자료는 책이 전부였는데, 그중에서도 윤신근 수의사의 『애완동물 기르기』를 특히 좋아했다. 개나 고양이가 아닌 열여덟 종의 특이생물을 다루는 책이었는데, 열여덟 가지 동물의 특성이 모두 각양각색이라는 점에 빠져들어 수천 번을 읽었다. 게임을 좋아하는 친구들이 게임 아이템이나 캐릭터의 특징을 외우고 다니듯, 나는 그 책에 나오는 동물들의 제각기 다른 특징을 외우고 다녔다. 그게 나에겐 큰 재미이자 놀이였다.

집에서 10분 거리에 수족관이 있었다. 물고기뿐만 아니라 다람쥐, 십자매, 기니피그, 토끼 등을 함께 분양하는 곳이었다. 책 속에 있던 다양한 동물들을 직접 볼 수 있는 곳으로, 책에는 나와 있지 않은 각각의 구체적인 특징도 알 수 있었다. 그러다 보니 그곳은 나에게 놀이터이자 학교가 됐다.

"십자매를 키우려면 통은 얼마나 커야 해요?"

"다람쥐는 어떤 특징이 있나요?"

"기니피그가 너무 시끄럽지는 않은가요?"

틈만 나면 수족관으로 향했고, 사장님께 질문들을 쏟아냈다.

매장을 운영했던 경험으로 지금 생각해 보면, 어린아이라서 봐주신 것이지 온종일 가게에서 동물을 구경하는 것도 모자라 질문을 쏟아내며 귀찮게 구는 손님이 마냥 좋지는 않으셨을 것 같다.

초등학생 때부터 드나들기 시작한 수족관은 중학생이 된 후에도 변함없는 나의 아지트였다. 거의 매일 살다시피 했다. 동물은 직접 보고 교감해야만 느낄 수 있는 것들이 있다. 기니피그의 울음소리가 기분에 따라 미묘하게 다르다는 것은 책이나 영상, 사진에서는 알 수 없었다. 매일같이 직접 만나고 만져보면서 더 많은 것들을 느낄 수 있었고, 호기심은 애정으로 바뀌기 시작했다.

사장님을 귀찮게만 한 것은 아니다. 나는 수족관의 주요 고객이기도 했다. 용돈이 생기면 무조건 동물을 입양하거나 동물 용품을 구매했다. 그러다 보니 집에 동물들이 하나둘 늘어났다. 강아지나 고양이가 아니었다. 이구아나, 십자매, 잉꼬, 열대어, 다람쥐, 기니피그, 햄스터와 같은 작은 동물을 키웠다.

이런 동물을 분양하는 수족관이 가까운 곳에 있기도 했지만, '동물은 책임감을 가지고 끝까지 키워야 한다'라는 부모님의 가르침에 영향을 많이 받았다. 그래서 어린 나도 관리할 수 있도록 케이지 안에서 키울 수 있는 작은 동물을 키웠다. 언제부턴가 집에는 항상 열 마리에서 스무 마리 정도의 동물이 있기 시작했다.

## 많은 것을 알려 준, 나의 첫 동물들

그렇게 직접 동물을 돌보기 시작하면서 많은 것을 느끼고 알게 되었다. 사람들은 잘 모르지만 이구아나는 화장실을 가리는 동물이다. 그리고 따뜻한 곳을 좋아한다. 이구아나가 케이지 안에 없다면 따뜻한 장소를 둘러보거나, 배변을 보는 장소를 찾아보면 된다. 이구아나를 풀어놓고 키우면서 알게 된 특징이다.

당시 내가 키우던 이구아나는 주로 배가 툭 튀어나온 옛날 텔레비전 뒤를 좋아했다. 1m가 넘는 긴 몸을 숨기고 있다가 배가 고프면 밥을 먹기 위해 어슬렁어슬렁 기어 나와 밥을 먹고는 다시 자기 자리를 찾아갔다. 배 나온 옛날 텔레비전 뒤는 열이 나고 따뜻해서 이구아나가 가장 좋아하는 자리였다. 날씨가 좋은 날에는 베란다 철망에 붙어 일광욕을 즐기기도 했다. 한번은 일광욕을 즐기는 이구아나를 사냥하려고 새가 날아와서 철망을 치고 간 적도 있다.

지금은 사랑앵무라 불리는 잉꼬도 키웠다. 새는 날아다니는 동물이다. 하지만 나는 케이지 문을 열어두고 자유롭게 키웠다. 잉꼬의 특징을 잘 파악하고 있었기에, 새장 문을 열어놓고 키운다는 게 특별하다고 생각하지 않았다. 경험을 통한 사육방식이었다. 또 새끼 때부터 사람이 이유식을 먹여 키우면, 잉꼬는 일반적으로 알고 있는 앵무새처럼 계속 사람 곁에서 지낸다. 매우 똑똑한 반려조다.

글이나 사진으로만 정보를 모으지 않았다. 모르는 것이

있으면 수족관에 가서 보거나 사장님께 물어봤다. 덕분에 동물과 더 깊게 교감할 수 있었고, 결국 더 자유로운 환경에서 키울 수 있었다.

잉꼬는 당시 오픈한 지 얼마 안 된 반려조 분양 업체에서 이벤트로 당첨되어 분양받았다. 얼마나 간절히 원하는지를 편지로 써서 보내는 이벤트였던 것 같은데, 꽤나 간절했으니 당첨이 되지 않았나 싶다.

수족관에서 암컷 다람쥐 한 마리를 데리고 와서 5~6년을 키우기도 했다. 새끼 때부터 키우면 사람을 잘 따르지만 나는 그런 식으로 키울 생각은 없었고, 새끼 때 데리고 온 것도 아니었다. 그런데 이 녀석은 특이하게 처음부터 사람을 좋아했다.

어느 날 다람쥐가 스스로 케이지 문을 열고 나왔다. 문을 열고 나온 다람쥐는 베란다 여기저기를 기웃거리며 돌아다녔다. 그러다가 배가 고플 때쯤이면 와서 밥을 달라고 졸랐다. 밥을 먹고 난 후에는 다시 온 집안을 누비며 놀다가 밤이 되면 문을 닫고 들어가서 잤다.

처음에는 못 나오게 하려고 케이지 입구를 빵 끈으로 묶어놓기도 해봤지만, 다람쥐는 기어코 문을 열고 나왔다. 시간이 지나면 알아서 케이지 문을 닫고 들어가는 모습을 본 후로는 자유롭게 돌아다니도록 문을 열어두었다.

　중학생 때는 개구리도 풀어놓고 키운 적이 있다. 화이트 트리 프록이라는 인도네시아 종인데 무럭무럭 자라더니 주먹만큼 커졌다.
　개구리도 처음에는 풀어놓고 키울 생각이 없었다. 그런데 어느 날 케이지 밖으로 탈출을 하기 시작했다. 깜짝 놀라 찾아보면, 항상 똑같은 자리에 있었다. 개구리의 애착 공간은 카세트테이프 플레이어 뒤쪽이었다. 밥을 주면 잠깐 나왔다가 다시 거기로 돌아가 웅크리고 있고는 했다. 이후로는 언제나 카세트테이프 플레이어 옆에다 물그릇을 놔두었다. 그러면 알아서 물그릇 안으로 들어갔다 나갔다를 반복했다.

　이 외에도 많은 동물을 한 집에 풀어놓고 키웠다. 처음 동물을 데리고 왔을 때는 케이지 문을 열고 키울 생각이 없었다. 그런데 동물들이 각자 알아서 자기가 좋아하는 공간을 정했고, 서로의 영역은 침범하지 않았다. 그 모습을 보고 동물을 꼭 케이지 안에서만 키워야 하는 건 아니라는 것을 알게 되었다.

  동물은 적당한 환경이 있으면 알아서 적응한다. 카세트테이프 플레이어 뒤편이나 베란다의 공간도 부족할 것이 없다. 당시 한 공간에서 다양한 생물이 공존하던 모습이 지금 홍천 집의 모습과 비슷한 것 같다.

  어린 시절, 동물들과 함께 지내던 시간은 내게 그저 평범한 일상이었다. 특별할 게 없다고 생각했는데, 가만히 돌아보니 특히 기억에 남는 순간이 있었다. 바로 십자매의 알이 부화하던 때다. 새알의 부화 과정을 본 것은 이때가 처음이었다.

  십자매의 알은 메추라기 알의 절반도 안 되는, 아주 작은 크기이다. 새끼가 알을 깨고 나오는 것은 알의 크기와 상관없이 매우 힘든 일이기에, 오랜 시간이 걸린다. 인내심을 가지고 새끼의 부화를 기다리다 보면 조그마한 알을 깨고 새 생명이 나온다. 털이 하나도 없고 눈도 제대로 뜨지 못하는 새끼 십자매는 어미로부터 먹이를 받아먹고 목이 빵빵하게 붓는다. 이 모습만 보면 징그럽다고 생각할 수도 있다. 하지만 모든 과정을 지켜보고 나면 생명의 탄생에 경이로움이 느껴진다. 무사히 태어난 새끼들이 기특하기만 하다.

주말 아침 느지막이 일어나면 새장 안에서 어미와 새끼가 함께 지저귀는 소리가 들려왔다. 창밖을 바라보면 베란다를 통해 쏟아지던 햇살, 그 풍경을 아직도 잊을 수 없다.

동물을 좋아하고 이렇게 빠져들 수 있다는 것은 타고난 성향 같기도 하다. 동물이 왜 좋은지를 생각해 봤지만 뚜렷한 답은 떠오르지 않았고 유전적인 결과가 아닐까, 라는 답만 도출되었다. 고대 시대부터 동물은 사람과 공생할 수밖에 없는 생물이었는데, 누군가는 이들을 관리하고 키우고 함께 살아야 했을 것이다. 그러면서 동물과 더 잘 어울리며 사는 사람들이 후대를 남길 확률이 높아졌을 것이고, 그 형질 중 일부가 내게 발현된 것이 아닐까 하는 추정을 해볼 뿐이다. 확실한 것은 동물과 깊게 교감하다 보면 책임감은 강해지고 애정은 더욱 깊어지게 된다는 것이다. 동물과 함께 살아가는 건 단지 눈으로만 보는 것과는 엄청난 차이가 있다.

나는 시간과 돈이 생기면 모두 동물을 위해 사용했다. 친구들과 노는 것보다 동물을 보는 것이 재밌었고, 하교 후 수족관에 가는 시간만 기다리곤 했다. 학교에서도 동물을 좋아하는 애로 소문이 나 있었다. 이렇게나 동물을 좋아하다 보니 부모님께서도 동물을 키울 수 있도록 허락해 주시고 도와주셨다. 그러면서도 한편으로는 아들이 집에서 동물만 보고 있는 것을 많이 걱정하셨을 것이다.

동물마다 케이지가 있었지만, 거의 풀어놓고 키웠기 때문에 부모님이 뒤치다꺼리를 많이 해 주셨다. 여동생도 동물을 유별나게 좋아하는 오빠 때문에 어릴 때부터 어쩔 수 없이 동물과 함께 생활했다. 당시에는 별말을 하지 않았는데, 최근에야 이런 말을 했다. 동물이 병으로 아파하는 모습이나 죽음을 보는 것이 정말 힘들었다고. 지금 돌아보니 유년 시절 동물과의 추억은 가족들의 배려가 아니었다면 이루어지기 어려웠을 것 같다.

# 2.
# 청계천 파충류 시장의 현실

중학생이 되자 청계천 수족관 거리에 가보기도 하고, '쥬만지펫'이라는 인터넷 카페에 가입하여 파충류에 대한 정보를 얻기도 했다. 동네 수족관만 다니던 것에서 레벨업을 했다고 볼 수 있다.

그러면서 당시 한국에 최초로 수입된 레오파드 게코를 키우게 됐다. 그런데 이 개체가 국내에 소개된 지 몇 년이 되지 않았을 때라, 어떻게 키워야 하는지에 대해 체계화된 정보가 없었다. 번식에 관한 건 더더욱 전무했다. 나는 일본 야후와 미국 야후를 뒤지고 뒤졌다. 외국에 있던 온갖 정보를 최대한 알아보곤 결국 레오파드 게코 번식에 성공했다. 당시에는 한국에서 번식 자체가 어려운 상황이었기에, 중

학교 1학년이었던 나는 한국에서 가장 어린 브리더(Breeder)였다.

그때는 타란튤라나 콘스네이크도 한국에 처음 들어왔을 때였는데, 집에서 뱀은 안 된다고 강력하게 반대했다. 외가가 목회 집안이라 사탄의 동물은 절대 안 된다고 하셔서 키울 수는 없었다.

청계천 수족관 거리는 지금도 유명하다. 당시 내가 살던 곳에서는 지하철을 타고 한 시간가량 가야 했기에 중학생이 쉽게 찾아갈 수 있는 곳은 아니었다. 그래도 큰 기대를 안고 어렵게 찾아갔다. 그런데 직접 본 청계천의 풍경은 충격 그 자체였다.

동물들이 너무나 열악한 환경에서 분양되고 있었다. 거북이를 분양하는 곳은 마치 수산물 시장 같았다. 살아있는 거북이를 생선 팔 듯 빨간색 고무 대야에 수백 마리씩 쌓아놓았다. 수레에 거북이를 한가득 싣고 여기저기 끌고 다니면서 "거북이 500원에 팝니다!" 하는 사람들도 있었다.

당시 육지 거북이는 정말 키우기 어려운 생물이었다. 요즘에도 쉬운 편이라고 얘기하지는 않지만, 그때는 육지 거북이를 데려오면 한 달도 살지 못한다는 말이 많았다. 그건 그 시절 거북이를 청계천의 열악한 환경에서 분양했기 때문에 생긴 오해다. 아무리 신진대사가 느린 파충류라도 이런 학대 수준의 시설 안에서 지낸다면 멀쩡한 컨디션으로 오래 사는 것은 불가능하다.

거북이뿐만 아니라 청계천에서 분양하는 모든 생물들이 비슷한 취급을 당했다. 오죽하면 이런 험악한 소문도 돌았다. 어떤 사람이 아로와나라는, 가격이 비싼 편에 속하는 관상어를 분양받았다. 그러나 막상 받아보니 들었던 이야기와 달라 교환 혹은 환불을 요청하러 갔다. 이 일로 판매자와 언쟁을 했고, 분에 못 이긴 판매자가 재수 없다며 봉투를 칼로 퍽 째버렸다. 봉투 안에 있던 살아있는 물고기는 그대로 길바닥에다 버려졌다. 진위여부는 알 수 없지만, 시장 자체가 이런 분위기였다. 그곳에서 생물은 판매 상품 그 이상도 이하도 아니었다.

청계천에서 생물들을 이렇게 다룬 이유 중 하나는 가격이다. 당시 청계천의 생물들은 매우 저렴했다. 지금은 몇십 배는 더 비싸게 분양되는 돼지코 거북이가 2만 원이었다.

밀수되던 시절이기에 가능한 가격이었다. 딱 그만큼의 대우를 받은 것이다. 최소한 분양가가 높았다면 밀수로 들어와도 이런 식으로 분양하지 않았을 것이다.

나는 한국에서 처음으로 환경부에 정식 허가를 받고 육지 거북들을 수입했다. 이 때문에 신고도 정말 많이 들어왔는데, 모두 서류를 증명했다. 이건 다르게 말하면 이전의 청계천 생물들이 다 밀수였다는 소리다. 사회적 인식과 인력이 부족했기에 청계천 같이 큰 시장에서도 밀수된 생물을 판매할 수 있었다. 당시 많은 사람이 키우지 않았던 도마뱀·거북이까지 환경부에서 잡을 인력은 없었을 거고, 환경 단체도 여기까지 신경 쓸 여력은 없었을 것이다. 그래서 알고 사는 사람 반, 모르고 사는 사람 반으로 밀수가 성행한 것이었다.

그전까지는 파충류를 좋아하기는 했지만, 파충류를 분양하는 시장 분위기는 몰랐었다. 동네 수족관의 생물들도 대부분 청계천을 거쳐 오지만, 소량이라 나름대로 관리가 잘 되었다. 하지만 청계천 시장을 눈으로 직접 보고 난 후, 파충류를 비롯해 한국의 희귀 동물 분양 판매 시스템에 대해 엄중한 문제의식을 느꼈다. 생물을 오로지 상품으로서만 바라보는 이 시장을 바꾸기 위해 내가 할 수 있는 일이 있을까에 대해서도 깊게 고민하기 시작했다.

### 신해철의 라디오

학창 시절 목동에 살았다. 목동은 지금도 학구열이 높은 동네이다. 나 역시 학원을 많이 다녔고 늦게까지 공부하는 날도 많았다. 그런 날이면 라디오를 들으며 졸음을 쫓곤 했다. 가장 좋아했던 라디오는 신해철의 〈고스트 스테이션〉이다. 신해철은 라디오에서 장래를 고민하는 청취자들을 상대로 "좋아하는 일을 해라"라는 말을 제일 많이 했다.

동물을 좋아하는 학생들이 대체로 그렇듯 나도 오랫동안 수의사를 꿈꿨다. 그런데 아무리 생각해도 내 성적으로 수의사가 되는 건 힘들 것 같았다. 어떤 일을 해야 할지 고민하다 문득 신해철의 말이 떠올랐다. '내가 좋아하는 것, 잘하는 게 뭘까?' 차분히 생각해 보게 되었다. 그러자 '내가 좋아하고 잘하는 것을 먼저 하여 성공한 후, 서울대를 졸업한 직원을 뽑으면 되는 것 아닌가? 우선 내가 좋아하는 것과 잘하는 것을 하자. 영화를 보고 여행을 다니며 세상을 배우자. 이것이 대학을 가는 것보다 나을 거다.' 이렇게 생각이 정리됐다.

당시에는 지금처럼 정보를 구할 창구가 많지 않았다. 그러다 보니 주로 네이버, 다음 같은 포털사이트의 카페를 통해 정보를 주고받았다. 카페의 연령대는 30대 아저씨부터 10대 또래까지 다양했다.

나는 나이는 어렸지만, 그동안 워낙 많은 동물을 키웠기 때문에 알고 있는 정보가 많은 편이었다. 경험을 통해 알게 된 정보는 물론이고, 국내에 없는 정보까지 해외 사이트에서 찾아 직접 번역하여 글을 올렸다. 남들이 모르는 것을 찾아서 글을 올리는 것이 재밌었다. 꾸준하게 열심히 글을 올렸더니 나에게 무언가를 묻는 사람들이 점점 많아졌다. 그러면서 내가 올바른 환경에서 동물을 키울 수 있도록 돕고, 이에 대해서 사람들과 토론하는 것을 좋아한다는 것을 깨닫게 되었다.

## 알아야 키울 수 있다

동물을 키우기 위해서는 많은 공부가 필요하다. 기본적인 특징뿐만 아니라 동물에게 문제가 생기면 왜 그런지, 어떻게 해야 하는지 알아봐야 한다. 하지만 많은 사람들이 그러지 않는다.

우선 동물을 키운다면 최소한 원산지에 대한 정보는 알아두어야 한다. 동물은 원산지의 영향을 가장 많이 받기 때문이다. 어떤 종류의 동물 관련 책을 보더라도 원산지에 대한 정보가 가장 먼저 나와 있다.

나는 어린 시절부터 워낙 다양한 동물을 키웠기 때문에, 이런 공부가 필요하다는 것을 자연스럽게 체득했다. 이구아나와 같이 온도 관리가 중요한 파충류는 원산지 온도가 어떤지 찾아보았다. 다람쥐처럼 동면하는 동물을 키울 때는 동면 때 온도를 어느 정도로 맞춰줘야 하는지 현지 날씨와 비교하고, 동면 전인 가을에는 어떤 먹이를 얼마나 더 줘야 하는지 공부했다.

식물에 관심을 갖게 된 이유도 비슷한 맥락이다. 원산지와 비슷한 환경을 만들어 주기 위해 식물 관련 책도 읽고 검색도 많이 했다. 일단 생물을 키우기 위해 필요한 식물은, 가드닝을 위한 식물과는 좀 다르다. 생물을 키우기 위해서는 해당 종이 번식하거나 휴식을 취하는 데 필요한 식물이 식재되어 있어야 한다. 포이즌 다트 프록은 브로멜리아드라는 파인애플을 닮은 식물이 필요하고, 화이트 트리 프록은 넓적한 잎의 식물이 필요한 식이다.

이것이 식물에 포커스가 맞춰진다면 개구리나 도마뱀이 밟고 지나다니는 이끼를 심을 수 없고, 개구리의 과습한 환경이나 사막 도마뱀의 건조한 환경에 버티지 못하는 식물을 기를 수 없다.

시간이 지나면서 내가 남들보다 동물에 대해 잘 알고 있고, 또 잘 키울 수 있다는 것에 대해 확신이 들었다. 그래서 사업을 해보기로 결심했다. 좋아하고 잘할 수 있는 일이면서 시장의 시스템까지 바꿀 수 있는 일이라는 생각이 들었기 때문이다. 사업자를 내는 것에는 나이 제한이 없다. 그렇다면 한 살이라도 어릴 때 시장에 진출하자고 생각했다. 결심이 서자 바로 사업자등록을 했다. 고등학교 2학년 겨울 방학이었다.

사업자등록을 준비하면서 부모님이나 주변 어른의 도움은 전혀 받지 않았다. 오히려 어른들은 반대가 심했다. 당연히 그럴 것이다. 아버지는 학교까지 찾아오셔서 "애는 사업 시키면 안 됩니다. 공부를 해야 합니다"라고 이야기하셨다. 학원에서도 이상한 녀석 정도의 취급을 받았다. 파충류 수입을 위한 무역 공부도 『무역 초보자가 꼭 알아야 할 139가지』라는 책을 보면서 혼자서 했다.

주위 사람들이 모두 반대했기 때문에 스스로의 선택을 의심하기도 했다. 하지만 '빨리 시장에 진입하여 전 세계에 거래처를 가지고 있다면, 한국에서 최고가 되는 것 아닌가?'라는 생각에 변함이 없었다. 어린 나이에 겁 없이 시작했다고 생각할 수 있지만, 안 되면 육체노동이라도 하겠다는 각오가 되어 있었다.

3.
# 첫 거래, 그리고

사업을 하면서 셀 수 없이 많은 수입을 진행했다. 그러다 보니 한 건 한 건을 모두 기억하지는 못한다. 하지만 첫 수입을 진행했을 때의 기억은 선명하다. 나이지리아 딜러와의 진행이었다.

나이지리아는 국제적으로 무역 악명이 높은 아프리카 거래처 중 하나였다. 이런 곳은 신용도가 낮기 때문에 생물을 먼저 보내준다. 워낙 사기도 많고 레퍼런스가 없다 보니, 물건을 먼저 받고 좋으면 돈을 달라고 하는 시스템이다. 나는 이 시스템을 최대한 이용하려고 했다.

당시 우리나라는 아프리카에서 파충류를 수입한 적이 거의 없었다. 물고기도 1년에 한 번씩밖에 안 들어왔을 만큼 거래가 없는 편이었다. 하지만 나는 취미 생활 중 알게 된, 원래는 친구였던 거래처가 있었다. 몇 년 동안 이야기를 하고 지내던 사이였다. 경험도 없고 나이도 어렸기에 거래처에 신뢰를 주기 위해 꾸준히 노력했다. 오랫동안 대화하면서 "물건을 먼저 보내주면 내가 분양해서 돈을 갚고 다음 수입을 진행하겠다"라고 설득한 끝에 첫 거래를 진행하게 되었다.

이런 거래처를 많이 알 수 있었던 것은 전 세계에 있는 친구들 덕분이었다. 처음 사업을 시작했을 때 수입하고 싶은 동물이나 종을 검색해서 나오는 모든 이메일에 연락을 했다. 그러다 미국에 있는 한 업체와 연락하게 됐다. 나이가 많은 아저씨(David breen, Wonderful World Pet Suppliers, Inc)였다. 그 아저씨와 대화를 하며 친분을 쌓았다. 아저씨가 "너 몇 살이니? 모르는 거 있으면 다 물어봐"라고 하시면서 이런저런 도움을 많이 주셨다. 이런 식으로 세계 곳곳에 많은 친구를 사귀었다.

나이지리아는 한국과 8시간 시차가 있어, 현지 사람과

대화하려면 오후 5시까지는 기다려야 했고 새벽까지 깨어 있어야 하는 경우도 많았다. 지금은 왓츠앱이나 페이스북으로 바로 통화하고 메시지를 보낼 수 있지만, 당시엔 현지 딜러들이 컴퓨터는 고사하고 휴대전화를 가지고 있는 경우도 드물었다. 현지 딜러가 인터넷이 되는 카페에 직접 가서 이메일을 보거나 팩스를 보내야만 대화할 수 있었다. 언제 확인해서 답을 줄지 모르는 상황이었기에 나는 항상 대기하고 있었다.

소통 방법뿐만 아니라 수입 자체가 쉬운 게 아니다 보니 한 건당 3개월에서 6개월 정도가 걸렸다. 다행이었던 것은 그동안 얘기를 많이 나누며 어느 정도 신뢰가 쌓인 상태였다는 것이다. 그래서 착불 택배처럼 배송료만 지불하고 물건을 먼저 받아 볼 수 있었다.

첫 거래를 앞두고 현지 딜러는 내게 어떤 생물을 먼저 받아보면 좋을 것 같냐고 물어보았다. 어류가 수출하기가 쉬우니 그것부터 해보라는 그의 말에 폴립테루스라는 고대어로 결정했다.

수중에는 300만 원이 있었다. 용돈과 신문 배달 알바비를 모아 마련한 돈이었다. 관세와 부가세까지 고려해서 예산에 맞게 주문했다. 그렇게 몇 달을 고생해서 첫 번째 수입을 진행했다.

1월경이었다. 엄청나게 추웠다. 주문한 것이 도착했다는 연락을 받고 기대하는 마음으로 아버지 차를 타고 인천공항에 갔다.

그런데 상품을 받자마자 포장 상태를 보고 깜짝 놀랐다. 주문할 때 반드시 핫팩과 스티로폼으로 꼼꼼하게 포장을 해달라고 신신당부를 했는데, 핫팩은 전혀 없었다. 또 우리가 알고 있는 도톰한 스티로폼이 아닌, 훨씬 얇은 스티로폼 박스가 여기저기 부서져 있었다. 딜러가 인도네시아에 보내듯 포장해 보낸 것이었다. 한국처럼 추운 나라에 수출해 본 경험이 없어 생긴 사고였다.

걱정스러운 마음으로 화물 박스를 열어보았다. 물고기가 들어있는 물과 박스가 모두 꽁꽁 얼어있었다. 당연히 물고기도 전멸이었다. 설상가상으로 딜러는 보내지도 않은 물고기를 인보이스에 잔뜩 기재해 놓고, 거기다 물도 많이 넣어 과포장을 하는 바람에 관부가세와 운송비도 어마어마하게 나왔다. 관세만 500만 원 정도 나왔는데, 나는 이날 인생이 끝나는 줄 알았다.

    운송료와 오버차지된 관세만 해도 이미 예산초과여서 어쩔 수 없이 아버지께 돈을 빌렸다. 아버지에게 손을 벌렸다는 것이 너무 싫었다. 주변 사람들 모두가 반대하는 일을 시작했는데 제대로 해내지 못했다는 생각에 절망했다. 당시 집이 11층이었는데, 뛰어내리고 싶어 창문 방범창의 나사를 돌리는 상상을 하기도 했다.
    지금 돌이켜보면 공부가 됐다고 생각하지만, 당시에는 크게 좌절했다. 이 수입을 위해 학교에서는 수업이 끝날 때까지 잠만 자다가 집에 왔고, 집에서는 한숨도 못 자고 거래처의 메일을 기다리며 밤을 샜다. 고등학교 3학년이라는 중요한 시기에 시간과 정성을 전부 쏟았는데, 결과가 한 번에 다 날아가 버렸다고 생각하니 견디기가 힘들었다.

    그래도 희망은 있었다. 한국에는 아프리카에서 수입을 진행한 업체가 많지 않았다. 규모가 있다는 몇 군데의 수족관 업체들도 원종(原種)을 직수입하지 못했다. 수입하더라도 인도네시아에서 물고기를 한 번 거쳐서 받는 수준이었다. 이렇게 한 번 거쳐서 받으면 그만큼 가격이 비싸진다.

야생에서 살았던 개체들은 뚜렷한 특징을 가지고 있다. 수족관이 유리로 막혀있는 것과 달리, 야생 원종 물고기들은 물살도 있고, 다양한 환경에 노출되어 있는데, 그래서 몸의 무늬나 발색, 지느러미 형태가 자연 그대로 유지되어 있다. 야생 원종이 사육된 개체보다 자연스러움이 많기에 인기가 많은 것이다.

시체이긴 하지만 나는 어쨌든 원종 수입을 하긴 한 것이었다. 또 나이지리아는 무역 사기가 제일 많은 국가였는데, 그런 나라에서도 시체지만 일단은 거래했다는 것 자체에서 희망을 보았다.

## 이대로 포기할 수 없다

첫 거래를 그렇게 마무리하고 힘든 시간을 보냈지만, 이대로 포기할 수는 없었다. 나는 바로 두 번째 수입을 진행했다. 처음 물고기를 수입했던 업체에다 망하기 직전이라며 빌기도 하고 협박도 해가며 관계를 개선했다.

이번에는 물고기를 절반 받고 개구리를 받아보겠다고

했다. 리드 프록이라는 종이었는데, 원래 개구리를 좋아하기도 했고, 그동안 한국에 수입이 안 됐던 종이기도 해서 결정했다. 3개월에서 4개월 정도 준비하고 수입을 진행했는데, 이게 대박이 났다.

첫 수입의 실패를 좋은 발판으로 삼았다. 물고기 마릿수를 최대한 줄이고, 물고기 포장 방법도 다시 알려주었다. 날씨도 그사이에 많이 풀려 물고기가 얼어서 도착할 걱정을 조금 덜었다.

돈을 거의 날린 상태였기 때문에 아버지에게 한 번 더 돈을 빌렸다. 이때 돈을 안 빌렸으면 개구리를 수입하지 못했을 것이다. 이 돈은 몇 년에 걸쳐 갚았다. 이때는 사무실도 없었다. 집 안에서 내가 잠을 자던 방을 사무실 삼아 사용했다. 침대만 두고, 수입해 온 수백 마리의 개구리와 물고기를 위해 방을 다시 꾸몄다.

가게 운영과 홍보는 모두 온라인을 통해 진행했다. 운이 좋게도 추웠던 날씨가 따뜻해지니 한국에 수입된 리드 프록이 산란을 시작했다. 알에서 올챙이가 나오고, 올챙이가 개구리로 성장하는 모습들을 촬영해서 홍보하는 데에 활용했다. 이때 공개한 사진들이 좋은 반응을 얻으면서 일이 잘 풀리기 시작했다.

이때는 물고기도 반응이 좋았다. 당시 150만 원에 분양하던 물고기(폴립테루스 트제르시)들도, 한국에 처음 들어왔던 종이라 수입하자마자 바로 분양되었다. 하지만 물고기는 워낙 위험 요소가 많았다. 앞으로는 개구리나 파충류 쪽 수입에 더 집중하기로 했다.

## 파충류를 기르는 행복

당시 한국에는 해외에 내세울 만한 이색 반려동물 업체가 없었다. 해외 거래처들에게 한국이라고 하면 한국이 어딘지 모르는 사람들이 태반이었다. 심지어 일본 쪽은 루트가 없냐고 물어보는 사람들도 있었다.

반려동물 분야에서는 일본이 가장 유명하다. 인구가 많기도 하지만, 시장 자체가 크기도 하다. 깔끔하고 정교한 일본 특유의 분위기가 반려동물 분야에도 그대로 적용되어 일본식 사육은 인기가 많다. 레오파드 게코의 은신처에 사용되는 도자기 재질의 제품도 일본에서 디자인한 것이다. 지금 사용되는 다양한 바닥재도 일본이 먼저 가이드라인을 제시했다. 여전히 일본 용품이 가장 인기가 많다.

나라마다 파충류 시장의 분위기가 다르다. 미국은 다양한 생물을 넓고 자연적인 환경에서 키울 수 있는 형태를 선호하는데, 이를 '비바리움'이라고 부른다. 반면 일본은 깔끔하게 동물에만 집중할 수 있는 형태를 추구하는 편이다.

한국 사람들은 투자의 관점에서 접근하는 부분이 있다. 모든 나라가 기본적으로 투자 관점으로 접근하긴 하지만 한국이 조금 더 심한 편이다. 그게 반드시 나쁘다고 생각하지는 않는다. 내가 처음 사업을 시작할 때 파충류는 돈이 되는 분야도 아니었고 너드(Nerd) 문화라는 인식이 강했다. 반려동물이라는 인식 자체가 없던 시절이었다. 그러다 파충류에 대해 사람들이 점차 관심을 가지기 시작했고, 이제는 몰라보게 시장이 커지고 있는 것에 대해 그저 감사하다.

무엇을 목적으로 관심을 가졌는지는 중요하지 않다. "한국 시장이 동물을 돈으로 보고 접근해서 생명의 윤리에 맞지 않는다"라고 비난하는 것은 바람직하지 않다고 본다. 그

것보다는 생물이 잘 살 수 있도록 환경 조성에 좀 더 신경 썼으면 하는 아쉬움이 있다.

일을 하면서 가장 힘들 때는 동물이 죽을 때다. 내 책임이 있든 없든 동물이 죽으면 정신적으로나 금전적으로나 타격이 크다. 그래서 환경에 더 집중했다. 사업적인 관점에서도 그렇고 동물을 키우는 관점에서도 마찬가지였다. 동물이 잘 살 수 있는 환경을 만드는 것을 최우선으로 생각했고, 이 원칙과 철학을 지키려고 노력했다. 그 덕에 14년이라는 시간 동안 업계에서 자리를 유지할 수 있었다고 생각한다.

처음 줄스샵을 운영할 때는 수입했던 생물들의 대부분이 한국에 처음 소개되는 동물이었다. 그래서 분양할 때 관련 정보를 줄 수 있는 건 최대한으로 제공했다. 외국 자료까지 번역해서 동물의 원산지는 어디고, 온도는 어떻게 해야 하고, 특성은 무엇인지를 정리해 주었다. 당시에 이런 정보를 제공하는 곳은 줄스샵이 유일했다.

이렇게까지 한 이유는 생물을 키우는 데 환경 조성이 중요하기 때문이다. 하지만 당시 파충류 분양 시장에서 이를 인지하고 있는 사람은 거의 없었다.

예를 들어, 별거북이라는 육지 거북이가 있다. 주로 태국이나 캄보디아 등지에 산다. 줄스샵 이전에는 별거북을 모랫바닥에다가 열등만 켜놓고 키웠다. 태국이라는 습하고 더운 곳에서 사는 개체를 건조한 모랫바닥에서 키우니 당연히 오래 버티지 못하고 죽었다. 무엇이 문제인지 찾아볼 생각은 하지 않고 사람들은 "육지 거북 키우기가 힘드니까 키우지 마세요" 하고 말았다.

반면 레오파드 거북은 아프리카에 사는 육지 거북이기 때문에 건조하게 키워야 한다고 생각하는 사람이 많았는데, 실상은 그렇지 않다. 육지 거북이의 새끼들은 호흡기가 굉장히 약하다. 그러다 보니 감기에 쉽게 걸린다. 감기에 걸리면 콧물이 끼는데 거북이는 횡경막이 없어 재채기를 하지 못한다. 이를 방치하면 코가 막히고 기도가 막혀 그대로 질식사한다.

이상 증상을 보이면 왜 그러는지를 찾아봐야 하는데 "수입해 오다가 스트레스를 받아서 그래요"라며 퉁 치고 넘어가는 사람이 많았다. 나는 그게 싫어 거래처에 원산지 사진을 보내달라고 요청해서 공부했다. 현지에서도 습한 흙바닥에서 어린 개체들을 키우고, 손바닥만큼 크기가 커진 이후에 건조한 환경으로 옮기고 있었다. 그때는 국내에서 이렇게 노력하는 사람을 찾아보기 어려웠지만, 지금은 다들 레오파드 거북을 습하게 키우는 것으로 알고 있다. 그러면 확실히 폐사가 없다.

밀수로만 유통되다 보니 원산지나 동물의 특징에 대한 정보가 없어 이런 악순환이 반복됐다. 그래서 나는 사업을 시작하고 모든 동물을 정식 수입했다. 유통과정도 투명하게 공개했다. 분양하면서 생물들의 원산지에 맞는 적절한 사육 환경을 제시했는데, 내가 확립한 사육 방법은 지금도 이어져 내려오고 있다.

정보를 공유할 때는 블로그나 카페를 많이 활용했다. 어린 시절부터 카페 활동을 열심히 했기 때문에 플랫폼을 활용하는 것이 어렵지 않았다. 거래처에서 받은 원산지 사진까지 전부 공개했다.

이런 정보를 적극적으로 공유하고 업계에 이름을 알리기 시작하니, 우리가 밀수를 한다는 애기도 많이 들었다. "무역 쪽 집안이라더라", "실제로 일해주는 사람은 따로 있다더라" 하는 이상한 소문도 돌았다. 물론 아니다. 모든 일의 책임을 스스로 졌다.

어떤 것이든 취미가 직업이 되면, 취미의 즐거움은 잃어버리게 되고 돈을 좇게 된다. 하지만 나는 최대한 초심을 잃지 않으려고 노력했다. 많이 분양하고 많은 돈을 벌 생각보다는, 제대로 된 환경에서 동물이 행복하게 오래 살게 하고자 했다. 그것을 반려동물을 기르는 하나의 행복이라고 느낄 수 있도록 돕는 것에 집중하려 했다.

## 4.
# 분주해진 3평 매장

　사업을 시작하자마자 수입 실패와 성공을 동시에 경험하며 배운 것이 많았다. 수입 과정을 직접 경험해 보니 필요한 것들이 눈에 보이기 시작했다.

　수입은 많은 시간이 필요한 일이었다. 아프리카의 경우, 체계화된 농장이 없기에 현지에서 동물을 수급하는 것만으로도 오랜 시간이 걸린다. 필요한 서류도 많다. 현지에서 수입할 때 받았던 서류나 건강증명서, 인보이스 등의 서류를 준비하고 확인하는 것도 까다로운 일이다. 그러다 보니 수입 한 건당 기본 3개월에서 6개월, 길면 1년까지도 걸렸다.

　반면에 분양은 빠르게 진행됐다. 초반에는 한두 마리씩 입양하는 개인 분양이 대부분이었는데, 그런데도 몇백 마리가 2주 안에 모두 분양됐다. 2010년을 전후해서는 줄스샵과 같은 업체가 없었기 때문에, 업체로부터 대량으로 주문 받는 경우는 없었다. 대량으로 파충류를 거래하는 시장은 청계천 정도가 전부였던 시기였다.

나는 가장 먼저 수출처를 늘리는 일에 집중했다. 동물을 한 군데에서만 들여오니 도착하기까지 몇 개월을 놀아야 하는 상황이 발생하고 있었다. 이대로는 안 된다고 생각했다. 줄스샵을 보다 효율적으로 운영하기 위해 다른 거래처를 알아보기 시작했다.

초반에는 육지 거북이를 취급하는 거래처를 중심으로 찾았다. 일반적으로 알고 있는 대부분의 거북이는 터틀(Turtle)이라고 불리는 물거북이다. 육지 거북이는 토터스(Tortoise)라고 한다. 이렇게 다른 이름으로 부르는 이유는 먹이나 서식지가 완전히 다르기 때문이다.

육지 거북이는 모든 대륙에 서식한다. 러시아나 우즈베키스탄, 동유럽에 가면 넓은 들판을 기어가는 모습을 쉽게 볼 수 있다. 그런데 한국에는 한 종도 서식하지 않는다. 우리나라 사람들이 육지 거북이를 잘 모를 수밖에 없는 환경이다. 그러다 보니 사육하기도 어렵다는 인식이 퍼져있었다. 한국에 들어오더라도 전부 밀수였기 때문에 종 자체가 '넘사벽'이라는 이미지가 있었다.

나는 오히려 이런 이미지 때문에 육지 거북이를 더 수입하고 싶었다. 노력 끝에 아프리카에서 육지 거북이 농장과 딜러를 알게 되었고, 알다브라 육지 거북이를 한국에서 최초로 정식 수입했다. 이 과정에서 네덜란드 아저씨가 많은 도움을 주셨다. 지금도 아프리카에서 육지 거북이를 제대로 수입하는 곳은 거의 없다.

거래처를 찾을 때는 인터넷 창을 열고 수입하려는 동물 이름을 검색했다. 예를 들어 '레오파드 토터스 세일(Leopard Tortoise Sale)'이라고 검색하면 나이지리아를 포함해서 아프리카의 여러 업체들이 나온다.

그런데 앞서 말했듯 아프리카는 사기를 치는 업체가 많은 편이다. 생물이 있는 척하거나 생물이 있어도 상태가 안 좋은 애들을 보내는 경우가 잦다. 한 건의 수입을 진행하는 데 시간은 오래 걸리고, 당시는 지금처럼 외국과 연락할 방법이 많은 것도 아니었다. 이런 업체들은 선수금을 몇백 달

러만 받아도 어느 정도 먹고 살았기에 이런 사기가 흔했고 나도 많이 당했다.

그런데 사업이 처음이었던 나는 어떤 정보도 없는 상태였다. 맨땅에 헤딩하는 심정으로 모든 업체에 메일을 보냈다. 그런 업체 중에 바로 그 네덜란드 아저씨가 운영하는 곳이 있었다. 메일을 받고 연락을 주신 아저씨는 이후 내가 거래처를 늘리는 데 큰 도움이 되었다. 인터넷 검색을 통해 조사한 업체 리스트를 보내면 하나하나 확인해서 "이 업체의 동물은 상태가 안 좋으니 조심해라", "이 업체는 물건을 안 보내니 조심해라" 등의 조언을 해 주셨다. 직접 거래처를 소개해 주시기도 했는데, 그 덕에 서류 처리가 편한 거래처나 생물 상태가 좋은 거래처 등을 많이 알게 되었다.

이 아저씨와는 독일에서 열리는 파충류 박람회에서 실제로 만나기도 했다. 서로 얼굴을 보며 인사를 나누었지만, 당시 나에게 왜 이렇게 도움을 주는 것인지를 물어보지는 않았다. 지금까지도 인연이 이어져 오고 있는데, 가끔 궁금하다. 먼 나라에 있는 얼굴도 모르는 어린 학생에게 도움을 준 이유가.

## 비난이 쏟아지다

줄스샵 운영 초기만 하더라도 '핸드캐리'라는 방식이 있었다. 외국에서 일하는 분들이 생물을 몇 마리씩 가방에 넣어 들여오는 식이다. 그러다 보니 보통 한두 마리, 많아야 서너 마리밖에 없었고 동물들의 생김새나 건강 상태도 들쭉날쭉했다. 이렇게 들여온 개체들은 암암리에 거래됐다.

이와 달리 줄스샵은 생물을 합법적인 경로로 수입했고, 저렴한 가격에 분양했다. 밀수입으로 들어온 알다브라 육지 거북이가 500만 원에 분양되고 있을 때, 줄스샵은 300만 원에 분양했는데, 이는 수입해 오는 단가에 맞춰 합리적으로 책정하다 보니 나온 금액이었다.

합법적으로 수입했음에도 저렴한 가격에 분양했다는 것도 줄스샵이 오랫동안 유지될 수 있었던 이유 중의 하나라고 생각한다.

그런데 저렴하게 분양한다는 이유로 다른 업체로부터 욕을 정말 많이 먹었다. 비난은 줄스샵을 정리하기 직전까지도 이어졌다. 커뮤니티에 김줄스를 죽이겠다면서 자신이 수입하는 생물을 홍보하는 사람이 있을 정도였다.

"줄스랑 아는 사이인데 우리한테도 물건 받으세요."

내 이름을 팔고 다니며 홍보를 하고 거래처를 구하러 다니는 사람도 있었다. 그런데 이 말을 믿고 연락한 사람들에게는 또 다른 헛소문을 냈다.

"줄스샵은 관리를 제대로 하지 않아 동물 상태가 전부 안 좋아요."

소문을 들은 거래처가 나에게 전해 주고서야 알게 된 말들이었다.

황당했다. 도대체 그 샵은 매장과 동물 상태가 얼마나 좋은지 확인하러 직접 찾아갔다. 예상대로 관리 수준은 처참할 정도였다. 청계천 시장에 있던 그 매장에서 사장은 보이지도 않았고, 수족관과 파충류는 분리되지도 않아 습도도 맞지 않았다. 바닥에는 지저분한 물이 고여 있는 등 환경도 최악이었다.

아마 줄스샵을 경쟁자라고 생각하고 손님과 거래처를 뺏으려는 속셈이었던 것 같다. 하지만 제대로 된 환경도 갖추지 않고 분양하는 업체를 나는 경쟁자라고 생각하지 않았다. 더이상 신경 쓰지 않기로 했다.

추후 내가 알고 있던 해외의 거래처들에 연락해, 그 업체의 사장이 이러이러한 사람이고 제정신이 아닌 것 같으니 거래하지 말라고 귀띔해 주었고, 얼마 뒤 사라졌다. 파충류 시장은 좁다. 전 세계 어디든 다 알 수 있다.

해당 업체가 수입을 진행한다고 예약을 받았던 해외의 업체는 공교롭게도 나와 가장 친했던 홍콩의 수출 업체였고, 매일 대화를 나누고 사적인 대화도 나누던 친구였다. 실제로 본 적도 여러 번인 사이였다. 그 친구에게도 상황을 설명하니 납득했다.

이런 적도 있다. 콘스네이크를 수입해 분양했을 때의 일이다. 콘스네이크는 보통 12만 원에 분양한다. 그런데 줄스샵은 8~9만 원에 분양했다. 직접 수입까지 하는 업체이기 때문에 유통비가 저렴했는데, 수입 단가를 기준으로 분양가를 책정하다 보니 가능한 금액이었다.

이것 때문에 다른 업체로부터 항의 전화가 빗발쳤다. 왜 이렇게 싸게 팔아서 시장을 무너뜨리냐며 쌍욕을 했다. 전화기로 쏟아지는 욕설을 들으며 나도 말했다.

"사장님 그러시면 저한테 받으세요. 제가 지금 받으시는 가격보다 만 원 더 싸게 드릴게요. 그러면 저랑 똑같이 파서도 돼요."

그런데도 상대방은 끝까지 욕을 하다가 전화를 끊었다. 얼마 후 그 업체는 문을 닫았다. 당시 줄스샵의 운영 방식을 욕했던 업체들 모두 얼마 가지 못하고 문을 닫았다.

당시 같은 업계 사람들에게 받는 따가운 시선이 당연히 좋지는 않았다. 하지만 운영 방식을 바꿀 생각은 없었다. 반려동물로서의 파충류를 대중화시키는 것에 더 집중할 뿐이었다. 저변 확대는 너드(Nerd) 인식이 강한 파충류 업계에 반드시 필요했다. 더 많은 사람이 파충류의 매력을 느끼면 이미지 자체가 바뀔 수 있다고 생각했다. 그러려면 합리적인 분양가가 우선이었다.

사람들이 파충류 분야에 관심을 갖게 되는 이유는 다양하다. 돈을 보고 접근하는 사람도 있고, 생물 자체가 좋아서 접근하는 사람도 있다. 그런데 파충류 시장에서는 특이하게 업체의 사장이 중요하다. 이 분야의 독특한 특징이라고 할 수 있다.

유튜브를 하기 전에도 김줄스 사장 때문에 줄스샵을 온

다는 사람들이 많았다. 줄스샵은 한국에 소개되지 않은 독특하고 희귀한 파충류를 가장 많이 다룬 샵이었고, 나는 사람들이 나를 좋아해 주는 게 이런 이유일 거라고 생각했다. 그런데 다른 샵들도 비슷한 말을 듣고 있었다. 동물의 상태나 가격이 안 좋아도 사장을 보고 그냥 분양을 받는 사람도 있었다. 이들은 맹목적으로 사장을 추종하는 경향이 있는데, 왜 그런지는 잘 모르겠다.

물론 이런 파충류 시장의 분위기를 악용하는 업체도 많았다. 줄스샵을 운영하면서 이런 악습을 없애고자 노력했다.

## 고3의 3평 매장 관리법

줄스샵은 가족과 함께 사는 집에서 시작했다. 당시 아파트에 살았는데 매장으로 사용했던 방은 현관 바로 옆에 위치한 3평 정도의 작은 방이었다. 내가 쓰던 방을 구조만 바꿔서 동물들을 키우고 분양했으니 사실상 매장은 아니었다.

방은 더러우면 안 된다고 생각했다. 항상 깨끗하게 관리했다. 일이 끝나면 거기서 잠을 자고 생활하는 공간이기도 했다. 크기는 작지만 깔끔하고 냄새도 나지 않으니 손님들의 반응이 좋았다. 큰 매장은 아니었지만, 뭘 해도 청계천보다는 나았다.

    블로그나 카페에 올리는 홍보용 사진에 신경을 많이 썼다. 최근에 TV 프로그램에 소개되기도 한 비바리움 사진도 올렸는데, 당시에는 흔하지 않아 반응이 좋았다. 그러자 중·고등학생을 포함한 다양한 연령대의 남자 손님들이 많이 찾아왔다. 인터넷으로 홍보를 하다 보니 그런 것 같았다.
    밤새워 일하다가 학교에서 쭉 잠을 자고 집에 오면, 현관에 교복을 입은 손님들이 서 있었다. 집이 곧 매장이니까. 그러면 나 역시 교복을 갈아입지도 못하고 손님 응대를 했다. 사장과 손님 모두 교복을 입고 파충류를 분양하는 진풍경이 펼쳐졌다. 성인들도 많았다. 생각보다 40대 손님이 많이 왔다. 이 중에서는 지금도 연락하는 분들도 있다.

    손님이 벨을 누르면 쏜살같이 달려가서 응대했다. 가족들과 마주치는 상황이 서로 불편하기도 했고, 가족들이 이 일에 개입하는 것을 원치 않았다. 손님이 오면 가족들이 나

3평 매장의 비바리움

3평 매장의 비바리움

오지 못하게 막기도 했다.

주말에 거실에서 텔레비전을 보며 쉬고 계시는 아버지께 차마 숨으라고 말할 수는 없었다. 그래서 손님이 오시면 빨리 방으로 안내해, 거실이나 집의 다른 공간에는 최대한 방해가 가지 않도록 했다. 그래도 낯선 사람들이 시도 때도 없이 찾아오는 상황이 불편했을 것이다. 가족들의 엄청난 협조로 줄스샵은 시작됐다. 그 배려가 없었다면 매장 운영은 불가능했을 거다.

초등학교 시절, 친구가 집에 찾아와 초인종을 누르고 놀자고 한 적이 있다. 그 나이대 보통의 아이들이 그렇듯이 말이다. 그런데 나는 친구에게 놀기 싫으니 집에 가라고 했다. 어머니가 그런 나를 보면서 "넌 왜 그러니?"라고 물었던 것이 기억난다. 그런 놈이 집에서 손님들을 받는 걸 보고 가족들은 무슨 생각을 했을까? 한 번도 물어보지는 않았다.

## 용품은 액세서리가 아니다

줄스샵 운영 초기, 한국에는 파충류 용품이 다양하지 않았다. 해외직구는 당연히 어려웠던 때였고, 한국에서 구매

할 수 있는 파충류 관련 용품은 전무하다시피 했다. 필요하면 수족관 용품을 개조해서 쓰는 수준이었다. (지금은 파충류 용품이 많이 들어와 있다. 해외직구도 잘 되어 유명 브랜드 제품은 물론이고 해외의 다양한 제품을 쉽게 구할 수 있다)

당시 종교적·사회적 이유로 키우는 사람이 꽤 많았던 물거북이 사정도 비슷했다. 용품이 없다 보니 물거북이를 키우려는 사람들은 물고기 용품을 개조해서 썼다. 그런데 물거북이라고 해서 물에서만 사는 게 아니다. 육지에 올라와서 몸을 말리고 일광욕을 하는 시간이 꼭 필요하다. 물거북이를 키우기 위해서는 수조 안에 육지를 만들어 두어야 하지만, 마땅한 제품이 없었다. 나는 '루바망'이라고 하는 검은색 망을 케이블 타이로 연결해 일광욕 언덕을 만들었다.

그렇게 사용하다 해외를 둘러보니 기성품으로 나온 제품들이 있었다. 종류도 다양했다. 들여와야겠다고 생각했다. 곧 줄스샵에서 전 세계의 파충류 용품을 수입하기 시작했다.

이 역시 반응이 좋았다. 일본의 은신처, 바닥재와 파키스탄의 핀셋, 스테인리스 제품, 해외 최상급 파충류 사료 등을 들여왔다. 새로 치고 올라오는 중국의 독특한 플라스틱 제품도 인기가 많았는데, 하나하나 상세 사진을 찍어 올렸고 실제 사용하는 모습을 보여주었다. 이런 용품들은 전부 줄스샵에서 처음 소개하는 것이다 보니 잘 팔릴 수밖에 없었다.

  동물을 키울 때 용품은 굉장히 중요하다. 꼭 동물만을 위해서가 아니다. 용품을 제대로 갖추면 키우는 사람에게도 좋다. 환경을 제대로 조성해 주면 그만큼 키우는 사람의 수고가 덜 들어가기 때문이다.

  '루바망'으로 물거북이 육지를 만든다고 해보자. 언덕 하나를 만드는 데 두세 시간씩 걸린다. 조립 설명서가 따로 있는 것도 아니기 때문에 만드는 것이 쉽지도 않다. 그런데 만약 더 튼튼하고 편한 육지 제품 가격이 만 원이라면 시간과 노력을 들여 직접 만들 필요가 있을까? 키우는 사람 입장에서 안 살 이유가 없다. 인건비만 따져도 시급이 얼마인가?

  용품을 수입해 오는 과정에서도 다른 업체로부터 공격을 받았다. 제품 인증을 문제 삼는 등 자잘한 것으로 트집을 잡아 귀찮은 일이 많았다. 줄스샵에서 용품을 받아서 판매하면 쉬울 것을 왜 뒤에서 신고하는지 지금도 모르겠다.

## 수능 날이 밝았다

고3 겨울, 수능 시험 날이 밝았다. 이날은 공교롭게도 아프리카에서 수입을 받는 날이었다. 일단 응시 접수를 했으니 수능 시험장에는 갔다. 문제는 거의 다 찍었고 시험 시간 내내 푹 잠을 잤다. 어머니께서 싸주신 도시락까지 맛있게 먹고는 시험이 끝나자마자 바로 인천공항으로 출발했다. 당연히 대학 원서는 쓰지 않았다.

이날도 아버지와 함께 공항에 가서 물건을 받았다. 원래 아버지와 대화를 많이 하는 편은 아니지만, 그날의 침묵은 유독 기억에 남는다. 당시 아버지는 어떤 심정이셨을까.

아버지도 사업을 하신다.

"어릴 때부터 항상 스스로 용돈을 벌었다."

"상경해서 직접 돈을 벌고 앞가림했다."

이런 말씀을 하시는 것이 단골 레퍼토리였다. 아버지는

그저 당신 이야기를 한 것일 뿐이었고 자식이 사업을 해서 돈을 벌라는 뜻은 아니었던 것 같다. 하지만 워낙 자주 듣다 보니 창업을 하는 데 무의식적으로 영향을 받은 것 같다. 그런 아버지가 정작 내가 창업을 할 때는 엄청나게 반대하셨다.

손님들은 항상 나에게 나이를 물어봤다. 어려 보여서 궁금했던 거겠지만 이런 질문을 받는 것 자체가 싫었다. 그럴수록 '내가 더 많이 배워야지' 하는 욕심이 생겼다.

재수를 하기로 결정했다. 지식에 대한 욕구도 있었지만, 한편으로는 공부를 못해서 회피하려고 창업한 게 아니라는 것을 보여주고 싶었다. 일을 해야 했기 때문에 공부는 인터넷 강의만 들으며 했다. 그러다 수능 100일 전, 잠시 매장 운영을 중단했다. 사이트 홈페이지에 공지를 올렸다.

'개인 사정으로 인해 당분간 운영을 중지합니다.'

그런데 이 공지를 보고는 신기하게도 이런 댓글이 달렸다.

'수능 준비하시나 봐요.'

교재나 강의료도 모두 내가 번 돈으로 냈다. 원서 접수도 마찬가지. 이미 대학에 입학한 친구들의 도움을 받기는 했지만, 직접 입시요강을 확인하고 나에게 맞는 전형을 찾아보았다. 그렇게 1년의 재수 끝에 건국대 경영학과에 입학하게 되었다.

   재수를 한다는 걸 부모님께 알리지 않았었다. 수능이 끝나고 바로 태국으로 배낭여행을 갔는데 거기서 합격 문자를 받았다. 그제야 부모님께 말씀드렸다. 부모님이 얼마나 좋아하셨는지는 모르겠다. 사업보다는 공부하길 바라셨으니 아마도 좋아하셨을 것이다.

chapter

## 2

1. 저변 확대의 시작
2. 유튜브를 시작하다
3. 악어 키우는 김줍스
4. 동물은 모두 똑같은 생물이다
5. 함께한 동물들만 등장하는 유튜브

# 1.
# 저변 확대의 시작

 사업을 정리해 요즘에는 어떨지 모르겠지만 내가 어릴 때만 해도 파충류를 좋아하고 키우는 것은 일반적이지는 않은 일, 이상한 취미라고 생각했다. 나도 '파충류 키우는 애'로 학교에서 유명했다.

 집에 놀러 왔던 친구들이 이구아나를 보고 다음 날 학교에 소문을 퍼뜨리기도 했다. 반 친구들은 "쟤네 집에 이구아나 있대" 하고 수군거렸다. 원래도 관심받는 것을 싫어했지만, 이런 식으로 관심받는 것은 더 싫었다. 이구아나를 키우는 것이 소문이 날 정도로 이상한 일인가 싶었다. 강아지, 고양이를 키우는 것처럼 파충류도 반려동물로서 아무렇지 않은 분위기가 있었으면 좋겠다고 생각했다. 그러기 위해

서는 파충류 사업과 문화를 멋있고 깔끔하게 포장해야 할 필요성을 느꼈다.

  포장한다는 것이 진짜 패키지를 의미한 것은 아니다. 하지만 실제로 포장 상자도 신경을 많이 썼다. 일반 무지 종이 상자는 쓰지 않았고, 색깔이나 무늬가 들어간 컬러 상자를 사용하고자 했다. 그중에서도 얼룩말 무늬를 사용했는데, 아프리카가 연상되는 상자였다. 포장 단가가 비싸더라도 이런 특색 있는 상자를 사용해서 한 번이라도 더 시선이 가도록 구성했다. 줄스샵 브랜딩과 마케팅을 위한 나름의 전략이었다.

  포장 상자를 활용한 마케팅은 아주 부분적인 것이었다. 마케팅에 대해 공부하기 위해 네이버에 무작정 '마케팅'을 검색했다. 한참 이케아 관련 책이 유명했을 때라 그런지 가장 상단에 『이케아 마케팅 전략』 책이 나왔다. 일단 구매했다. 이케아 마케팅 전략을 공부하면서 손님의 체류 시간을 길게 하고, 제품보다 가격을 먼저 책정하고, 제품명은 지명이나 여자 이름을 붙이는 등의 전략들을 줄스샵에 적용해 봤다.

실제로 이에 대한 반응이 실시간으로 오자 너무 재미있었다. 학사경고를 두 번 맞고 5학점을 채우지 못해 6년을 다닌 학교를 졸업하지 못한 상황이었지만, 마케팅 과목은 항상 성적이 좋았다.

군대에 가면 어쩔 수 없이 2년의 공백이 생긴다. 하지만 카투사로 입대하면 딜러들과의 끈을 놓지 않을 수 있다고 생각했다. 그래서 카투사 지원을 준비했다. 카투사는 지원 기한이 있다. 그 기간까지 토익을 봐야 한다. 당시 나에게는 두 번의 기회가 있었다. 첫 번째 기회는 늦잠을 자는 바람에 놓쳤다. 토익 시험이 아침에 있었는데 새벽까지 일을 하느라 제시간에 일어나지 못했다. 마지막 기회가 있을 때도 밤새 일을 하고 시험을 보러 갔다. 그런데 의외로 점수가 잘 나왔다. 따로 시험공부를 하기도 했지만, 토익이 무역 영어 시험인지라 생각보다 쉬웠다. 보통은 공부해야 알 수 있는 단어가 나는 매일 실제로 사용하는 말들이었다.

카투사는 일정 요건을 충족하는 사람 중에서 무작위로 선발한다. 토익 점수가 높다고 안심할 수 없다. 그런데 다행히 운 좋게도 선발되어 카투사로 입대할 수 있었다. 덕분에

사업의 연장선을 이어 나갔다.

 사업이 계속되며 해외에서 수입되는 용품을 넣을 공간이 점점 부족해졌다. 아파트 관리소에 이야기해 아파트 지하에 물건들을 쌓아뒀지만 언제까지고 그럴 수는 없었다. 택배 기사님도 엘리베이터로 상품을 내려보내는 것을 힘들어했다. 매장 확장이 불가피했다.
 상병 휴가를 병장 때 받아서 매장 공사를 시작했다. 그때가 2014년, 스물네 살이었다. 3평이 안 되는 방에서 시작했던 일이 집 앞의 20평 지하 매장으로 확장되는 순간이었다.

 매장 공사를 할 때 가장 중요하게 생각한 것은 분위기였다. 당시에는 파충류를 수족관이나 시장에서 분양했다. 그러다 보니 냄새도 많이 나고 일반인이 쉽게 관심을 가지기는 어려운 분위기였다. 줄스샵은 부모님이나 연인을 데리고 갈 수 있는 분위기이기를 원했다. 그래서 냄새가 나지 않도록 신경 쓰고, 인테리어도 당시 유행이었던 노출 콘크리트로 마감했다.
 다음으로 중요하게 생각한 것은 청결. 기준은 어머님들

이었다. 이런 부분은 어머님들이 가장 예민하셨다. 가격은 다음 문제이고 일단 매장에 귀뚜라미가 뛰어다니거나 깨끗하지 않으면 두 번 다시 방문하지 않는다. 나는 어머님들도 안심하고 아이를 데려올 수 있도록 청결에 신경 썼다.

친구들을 전부 불러 모아 20평짜리 지하 매장 공사를 시작했다. 사육장 만드는 것부터 매장 벽 페인트칠, 천장까지 전기를 뺀 모든 것을 직접 했다. 병장 휴가 공사 첫날 열 명이었던 친구들이 마지막 날에는 한 명이 되었다. 엄청나게 힘들고 어려운 작업이었다.

## 목동 매장은 줄스샵을 변하게 했다

이케아는 명품, 소량 생산되었던 가구를 저렴한 조립식 가구로 리브랜딩해 비상장 기업 중 가장 좋은 성과를 올리고 있는 글로벌 기업이다. 이것은 잉바르 캄프라드의 사업 철학에 기반된 것인데, 합리에 그 바탕을 두고 있다.

모든 상품은 공정을 거치며 비용이 증가된다. 이러한 공정은 환경 오염과 관계되어 있다. 예를 들어 기존의 아프리

카 원종 물고기는 인도네시아를 통해 수입되었는데, 아프리카에서 직수입할 경우 공정을 줄일 수 있다. 비행기가 인도네시아에 체류하고 그곳에서 사육하고 재포장하는 과정이 없어도 되는 것이다. 결과적으로는 비용까지 줄어든다. 이런 것을 나는 합리라고 생각한다. 합리적인 상품은 환경을 지키는 데 도움이 되고 더 많은 소비자를 모으는 데에도 도움이 된다.

목동 매장이 생기기 전까지는 특이한 생물, 비싸고 귀한 생물을 찾으려고 노력했다. 일부의 극소수 마니아층을 상대로 하는 일이었기 때문이다. 덕분에 줄스샵은 이런 쪽으로 독보적이었다.

그러나 매장이 생기고부터 레오파드 게코나 커먼 머스크 터틀 같이 상대적으로 저렴하고 일반적으로 많이 볼 수 있는 동물을 주로 취급했다. 이런 동물은 3만 원, 5만 원에 개체를 입양할 수 있고 10만 원 내외로 사육 세트를 가져갈 수 있는데, 이 정도면 파충류 쪽에서는 매우 저렴한 편이다.

나는 이것을 저변 확대라고 표현한다. 샵을 운영하는 측면에서는 비싸고 희귀한 개체 한 마리를 분양하는 게 훨씬 쉽고 돈이 된다. 하지만 아이와 엄마가 함께 구경을 왔는데 입양만 200만 원이면, 분양은 둘째 치고 다시는 파충류에 관심도 두지 않을 것이다. 비교적 저렴한 생물을 분양받는 사람이 늘어나면 시장도 더 커질 것이라 생각하고 노선을 조금씩 바꿨다.

물론 이렇게 되자, 초반에는 기존 손님들의 불만을 듣기도 했다. 줄스샵이라고 하면 신기하고 특이한 생물이 많은 곳이었는데 변했다는 소리를 하시는 분들이 꽤 있었다.

## 사업하면 안 되는 MBTI

직원도 차츰 늘어 목동 매장에는 4명의 직원이 일하기 시작했다. 그들과 매장 관리는 나눠서 하더라도 수입 거래는 직접 했다. 무역을 하려면 일반적인 생활 패턴을 유지할 수 없다. 현지와 연락하기 위해 새벽 5~8시까지 깨어 있어야 하는데, 매장 오픈 시간은 11시였으니 한 번에 4시간 이상 자기가 힘들었다. 부족한 수면을 낮잠으로 채우다 보니 언제나 피곤했고 몸이 늘 힘들었다. 그래도 손님 중에서 유쾌하거나 좋은 사람들을 몇몇 알게 되었고, 그런 분들의 응

원 덕에 일을 계속할 수 있었다.

나는 원래 굉장히 내향적인 사람이다. MBTI 검사를 하면 항상 INTP가 나온다. 살면서 성격이 이상하다는 소리는 정말 많이 들었다. 좋아하는 주제가 아니면 얘기하지 않고, 초면에는 절대 먼저 말 걸지 않는다. 손님들에게도 똑같이 말을 안 걸었다. 사람을 면대면으로 만나는 것보다 차라리 인터넷으로 글을 쓰고 올리는 것이 더 편했다. 장사하기는 참 힘든 성격이다.

지금도 내성적이지만 당시의 그 정도는 아니다. 요즘 그 시기의 손님들을 우연히 뵙게 되면 "그래도 지금은 말씀을 많이 하시네요"라는 말을 자주 듣는다.

집안에 있던 3평짜리 매장에서는 손님들이 동물은 안 물어보고 내 나이를 물었다. 그런 게 싫어 손님에게 더 말을 안 걸었던 것 같다. 그런데 그중에도 넉살 좋게 안부를 물어보는 분들이 꼭 있었다. 생물과 관련된 자기가 알고 있는 정보를 공유해주기도 했다.

생물마다 더 인기가 있는 특징이 있다. 예를 들어 다이아

몬드 백테라핀 같은 경우에는 얼굴에 그물 무늬가 있어야 더 인기가 많은데, 이런 정보들을 알려 주는 식이었다. 이분들과는 친분을 어느 정도 쌓아갔다. 개인적으로 만나 밥을 먹거나 하지는 않았지만, 모르는 게 있으면 서로 물어보고 연락도 주고받았다. 사업 초창기부터 10년 넘게 거래했던 대전의 한 업체 사장님과는 파충류 사업을 정리하기 직전에 딱 한 번 만나기도 했다.

나는 일을 하는 사이에 굳이 만나서 이야기하는 것보다, 상품에 대한 정확한 정보와 후처리를 하는 것이 더 중요하다고 생각한다. 시간을 내서 만나고 밥을 먹고 술을 마시고 접대를 하는 행동들을 이해하기 어렵다. 납득할 만한 문제가 있다면 고치면 된다. 그게 신뢰라고 생각한다.

## 사기를 당하다

사업 초창기에 콜드 메일(Cold mail)을 보낼 때부터 연락하던 홍콩 딜러가 있었다. 함께 일 얘기도 하고, 동물 얘기도 하고, 모르는 게 있으면 서로 물어보기도 했다. 네덜란드

아저씨와도 아는 사이였고 나와도 오랫동안 친분을 유지하던 사이였다.

이 홍콩 딜러가 어느 날 네로우 브릿지 머스크 터틀이라는 남미 거북이 있다고 연락을 주었다. 그 거북이는 당시 한국에 없는 종이었다. 'Claudius Angustatus'라는 학명은 지금도 비밀번호 치듯 쳐지는데, 그만큼 오래 찾아다녔다. 수입에 필요한 서류도 모두 준비됐다고 하길래 전부 구매하겠다고 말하고 별 의심 없이 돈을 보냈다. 그런데 알고 보니 그 서류가 모두 위조였다. 서류가 중국어로 쓰여 있어서 확인을 제대로 하지 못했다.

믿었던 사람이었기 때문에 사기를 칠 것이라고는 상상도 하지 않았다. 뒤늦게 사기라는 것을 깨닫고 홍콩 경찰에 신고 메일을 보냈다. 문서를 전부 위조했고 돈을 챙겨서 잠적한 상태라고 호소했다. 한참을 기다린 후에야 홍콩 경찰의 연락을 받을 수 있었는데, 직접 출석해서 조서를 써야 한다고 했다. 마음 같아서는 정말 홍콩에 가서 신고하고 싶었다. 하지만 입대가 코앞이었던 상황이라 포기할 수밖에 없었다.

그때가 2012년이었는데, 약 4,000만 원 정도를 사기당했다. 그때까지 모은 돈의 절반이었다. 이 일을 하면서 사기는 여러 차례 당했고 10,000불 이하의 사기는 흔한 편이다. 하지만 이번에는 알던 사람에게 당했다는 게 너무 화가 났다. 이 홍콩 딜러에게서는 아직도 가끔 연락이 온다. 뻔뻔하게 잘 지내고 있냐고 묻는데, 돈 달라고 하면 다시 연락이 두절된다.

## 2.
# 유튜브를 시작하다

    2017년도까지만 해도 주로 블로그에서 활동했다. 이미 수입과 판매를 많이 하는 샵이었기 때문에 다른 채널로의 관심은 특별히 없었다. 유튜브도 마찬가지였다. 그러던 어느 날 지인이 다른 업체들은 모두 유튜브를 하고 있다고 했다. 그 말을 듣고 유튜브를 들여다보니 정말 많은 업체가 채널을 운영하고 있었다.

    그런데 조심스러운 생각이지만, 당시 운영되던 유튜브 채널들의 영상은 내가 생각하던 부분과는 달랐다. 파충류에 대한 정보 전달, 화면의 영상 구성, 희귀 반려동물을 소개하는 부분 등에서 내가 알고 있던 지식과 비교해 보면 고개를 갸웃거리게 하는 것들이 있었다. 나에게는 특별할 게 없는 게 일반 대중의 시점에서는 신기해 보이기도 한다는 걸 느끼기도 했다. 그러나 무엇보다도, 분양하면 안 되는 생물을 외모가 특이하다는 이유로 쉽게 소개하고 분양하는 것에 우려가 됐다.

 예를 들어, 소형 파충류에 속하는 레드아이 아머드 스킨크는 갑옷을 두른 듯한 몸에 눈 주위에 빨간 무늬를 가진 도마뱀이다. 그야말로 압도적인 외모를 가지고 있어 눈길을 사로잡는 개체이다. 그러나 이 종은 원산지의 생태 환경이 잘 알려지지 않아 한국에서 키우기 어려운 종이다. 활동성도 적으며, 스트레스를 쉽게 받아 수입 과정에서도 많이 죽는다. 이 때문에 사육 난이도가 높다.
 근연종인 화이트아이 아머드 스킨크를 내가 한국에 처음 수입하고 소개하기도 했지만, 이 사실을 알게 된 후에는 분양하지 않았다. 이런 생물들은 한국에서 사육 방법이 연구되기 전까지는 분양하지 않는 게 옳다고 생각했다. 이 상태에서 분양한다면 금방 죽을 게 뻔하기 때문이다.

 파충류를 키우는 것은 개를 키우는 것과 다르다. 병원도

없고 일반인이 정보를 얻을 방법도 없다. 분양한 사장에게 의존해야 하는데, 이에 관해 제대로 알고 있는 사장 또한 드물다. 현실적 어려움에 전전긍긍하던 소비자는 키우던 생물이 죽으면 절대 파충류를 다시 키우지 않는다. 질려버렸기 때문이다.

이렇게 동물을 입양한 사람들은 더는 파충류를 키우지 않게 되고, 입양하는 사람이 줄어드는 것은 파충류 산업 전체를 봐도 좋을 게 없는 행동이다. 이런 이유까지 더해져, 사육 환경을 제대로 연구하지 않은 상태에서 특이한 외모만을 부각해 홍보하는 것이 걱정스러웠다.

파충류와 돈을 연관 짓는 것도 불편했다. 유튜브 채널에서도 비싼 가격을 직접 언급하며 소위 어그로를 끄는 영상이 많았다. 유튜브뿐만 아니라 온라인 파충류 커뮤니티나 개인 블로그에서도 심심치 않게 볼 수 있었다.

물론 나도 이런 식의 영상을 만든 적이 있다. 동물을 분양하는 일에 돈을 떼어 놓고 생각할 수는 없다. 나 역시 처음 사업을 시작했을 때는 희귀한 동물, 한국에는 없는 동물을 데려와 소개했는데, 그중에는 소위 고급종이라고 불리는 개체들도 있었다.

고급종은 분양가가 한 마리에 몇백만 원, 많게는 몇천만 원까지 한다. 당시 이런 개체를 분양하면서 '이렇게 비싼 가격에 생물을 거래하는 것이 맞나?' 하는 생각이 들기도 했다. 그때도 내가 분양하는 생물은 전부 수입 원가에 의거해 분양가를 책정했지만 말이다.

문제는 유튜브에서 이보다 더 나가는 사람들이 있었다는 것이다.

"5천만 원을 내고 컨설팅을 받으면 향후 몇 년 동안 수익을 보장해 줄 수 있는 프로그램을 주겠다."

이런 사람들은 매년 사라지고 나타나고를 반복했다. 대부분이 휩쓸려 나갔지만 아직도 종종 보인다.

나는 특이한 외모나 비싼 가격 말고도 파충류의 매력이 많다는 것을 알리기 위해 유튜브 채널을 개설했다. 사람들이 파충류도 재미있는 반려동물이라고 생각하도록 만들고 싶었다. 깨끗한 환경에서 자라는 파충류, 외모만 부각되는 것이 아닌 다양한 매력을 가진 파충류의 모습을 보여주고 싶었다.

사람은 본능적으로 뱀을 무서워한다. 사람의 유전자는 뱀의 독성을 경계하기 위해 기다란 것을 무서워하고 꺼리도록 디자인되어 있기 때문이다. 유튜브를 통해 이런 부분도 중화시켜보고 싶었다.

유튜브를 시작하면 구독자 1,000명에서 5,000명을 모으는 것이 가장 힘들다고들 하는데, 김줄스 채널은 아니었다. 줄스샵 손님들 덕분에 개설하자마자 5,000명은 어렵지 않게 모을 수 있었다. 유튜브를 해본 사람들은 알 텐데, 이는 놀라운 수치였다. 그동안 줄스샵을 성의껏 운영해 왔던 것을 손님들이 알아봐 주신 거라는 생각이 들었다. 감사한 마음이었다. 그 후의 구독자들은 모두 새롭게 유입된 사람들이다.

지금 김줄스 채널의 구독자 연령대는 다양하다. 초등학생부터 중학생, 20대부터 70대까지 다양한 연령대의 사람들이 김줄스 채널을 지켜보고 있다. 돈이나 외형적인 내용이 중심이 된 콘텐츠가 아니다 보니 오히려 다양한 연령대의 사람들이 영상을 재미있게 보는 것 같다.

## 유튜브 첫 영상

내가 유튜브를 시작할 때는 이미 많은 업체에서 유튜브를 운영하고 있었다. 덕분에 파충류에 대한 진입 장벽은 많이 낮아져 있었지만, 대중의 관심은 동물의 외모나 가격에 집중되어 있었다.

나는 기존 파충류 유튜버들과는 다르게 영상을 만들려고 했다. 외모를 중심으로 한 단순 소개나 가격으로 흥미 유발을 하는 것보다는, 파충류를 키우면서 생기는 일을 메인 주제로 정했다. 거기에 최대한 예능적인 요소를 넣어 꾸몄고, 실용적인 정보가 그 안에 조금씩 노출되도록 영상을 만들었다.

처음부터 이런 콘셉트의 영상을 만들었던 것은 아니다. 2017년 말에 유튜브 첫 영상을 올렸다. 거북이 사육 방법과 사육장 세팅에 관해 알려주는 정보성 영상이었다. 그런데 전문적인 내용이라 그런지 조회수가 나오지 않았다. 지금은 삭제해서 찾아볼 수 없는 영상이다.

어떻게 하면 조회수를 높이면서 다른 채널과의 차별점을 확보할 수 있을지를 궁리했다. 다른 동물 유튜버들의 자

지금은 사라진, 김줄스 채널 첫 영상 썸네일

료도 많이 참고했다. 파충류의 먹이, 사육 환경 등을 최대한 일상적인 느낌으로 소개하는 영상을 만들면 어떨까 싶었다. 그렇게 탄생한 것이 '네로우 브릿지가 레드 크로우를 먹는 영상'이다.

　유튜브 영상 기획을 따로 배우지는 않았다. 대학에서 경영학을 전공하며 5년 넘게 경영·마케팅에 대한 강의를 들었지만, 유튜브를 언급하는 교수님은 한 명도 없었다. 2011~2016년에 대학교를 다녔는데 2012년에 유튜브는 이미 한국 동영상 애플리케이션 1위를 했다. 그런데도 유튜브 활용에 대한 공부는커녕 언급조차 없었다는 것이 조금 충격이었다.

오히려 줄스샵을 운영하며 현장에 있으니, 유튜브가 엄청난 속도로 성장하고 있는 것을 알게 되었다. 많은 파충류 업체가 유튜브 채널을 운영하고 있다는 것을 지인으로부터 들었으니 말이다. 그전에는 유튜브에 관심조차 없었다. 유튜브 시장에 대한 아무런 지식 없이 뛰어들었다 보니 대중이 좋아하는 콘텐츠는 어떻게 만들어야 하는지 잘 몰랐다. 그래서 초반에 영상을 만들 때는 정말 내 마음대로 만들었다. BGM도 내가 좋아하는 테크노나 하드한 일렉트로니카 같은 시끄러운 음악을 넣고, 더빙도 지금보다 더 낮은 톤으로 했다.

이런 부분은 손님이었던 친구들의 피드백을 받으면서 계속 수정해 나갔다. 그러면서 파충류를 비롯해 다양한 동물을 키우며 생기는 에피소드와 팁을 담은 지금의 영상들이 탄생했다.

## 스튜디오가 있는 파충류 샵

목동에 있던 매장을 서초구 내방역 근처로 옮기며 유튜브를 시작했다. 기존 목동 20평보다 훨씬 큰 60평 규모였고, 1층에는 10평 규모의 유튜브 스튜디오까지 꾸몄다. 유튜브를 보는 구독자들이 와서 놀다 갈 수 있는 공간이었다. 아뚜와 악악이가 여기서 컸다.

매장을 경영하며 유튜브 채널까지 운영하는 것은 어려운 일이었다. 촬영, 영상편집 등은 손이 많이 가고 시간도 많이 뺏기는 작업이다. 그런데 파충류는 움직임이 없는 편이라 촬영이 더 어려웠다. 악악이 같은 경우 한번 촬영을 하면 8시간, 10시간씩 해야 했다. 악어가 야행성이라 늦은 시간까지 촬영이 이어지는 날도 많았다.

보통 오후 7~8시쯤에 매장에 도착했다. 출근 후에 촬영을 시작하면 오전 3~4시쯤 촬영이 끝났다. 매장 일을 마치고 새벽에 집에 와서 영상을 다듬었다. 그리고 다시 저녁에 출근하여 영상 찍기를 반복했다.

당시에는 해야 하는 일이니까 힘들다고 생각할 겨를도 없었다. 영상 속 파충류를 귀여워하는 구독자들의 반응이

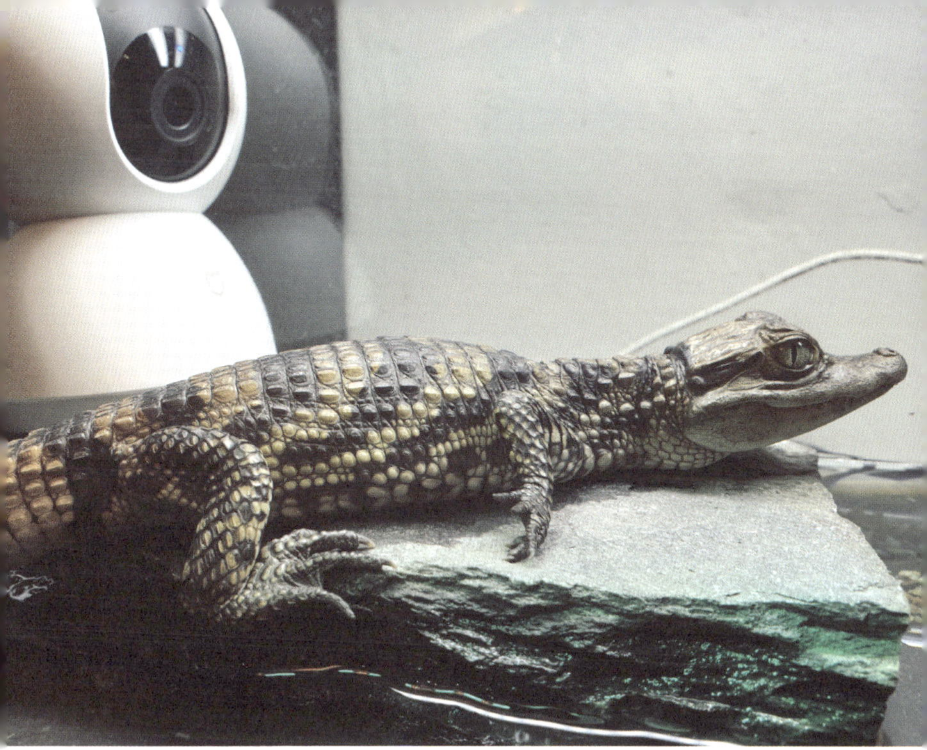

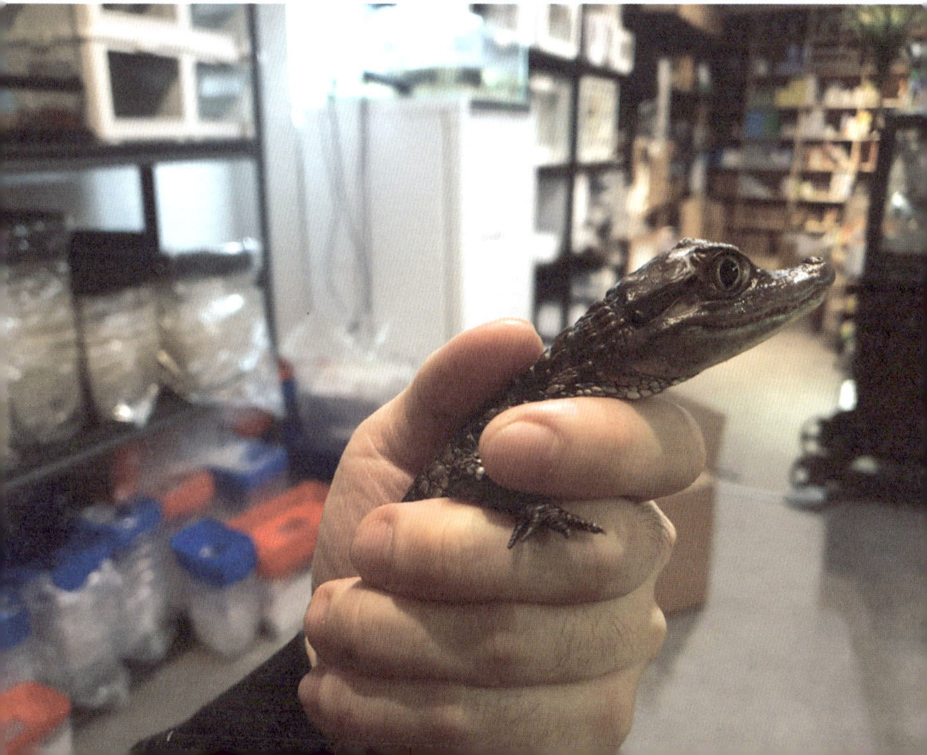

재미있어서라도 더 계속할 수 있었다.

  유튜브 채널 운영이 쉽지 않았지만, 유튜브 덕을 보기도 했다. 유튜브를 보고 매장에 찾아오는 손님이 많았기 때문이다. 하루에 200~300명 정도의 손님들이 왔다. 특히 악악이를 보러 오는 손님이 많았다. 이때는 매장도 서초 고속버스터미널 근처에 있다 보니 전국에서 찾아왔다.

  줄스샵의 모토가 '온 가족이 즐길 수 있는 파충류 가게'인 만큼 원래 가족 단위 손님들이 많았다. 이 때문에 매장 직원들이 많이 힘들어했다. 일단 온 가족이 오면 기본 4명이다. 한 번에 들어오는 손님이 많다. 어머님들은 귀뚜라미나 밀웜을 무서워하시기 때문에 놀라 목소리가 커지기도 하고, 아이들은 매장 이곳저곳을 뛰어다닌다. 거기에 유튜브를 보고 오는 손님까지 늘었으니, 직원들이 고생을 정말 많이 했다.

  입장 인원 제한은 일부러 하지 않았다. 내 목표는 저변 확대였다. 저변 확대가 되려면 젊은 친구들이 파충류를 많이 키워야 하고, 그러기 위해서는 같이 사는 가족들의 인식이 개선되어야 한다. 파충류 입양을 꺼리는 이유 중 하나는 냄새가 날 거라는 선입견 때문인데, 대부분의 동물이 그렇듯 파충류 자체에서는 냄새가 나지 않는다. 보통은 청소를 안 해줬을 때, 목욕을 안 시켰을 때와 같이 제대로 관리를 하지 않았을 때 냄새가 난다.

줄스샵은 파충류 수천 마리가 있는데 냄새가 나지 않았다. 이런 사정은 직접 매장에 와봐야 알 수 있었다. 그래서 제한을 두기보다 청결 관리에 힘쓰면서 손님들이 더 찾아올 수 있는 환경을 만들었다.

예약제로 운영하는 등 제한을 두는 샵들도 많았다. 무엇이 정답이라고 할 수는 없다. 하지만 줄스샵은 온 가족이 즐길 수 있는 파충류샵을 지향했다.

유튜브를 시작하자 매출도 그 전보다 당연히 올랐다. 그러나 방문객 대비로 따지면 오히려 줄고 있었다. 그전보다 비교적 저렴한 동물들을 취급하여 분양하고, 용품도 최대한 저렴하게 판매하려고 했기 때문이다. 온 가족이 즐길 수 있는 공간이 중요했기에 공간 자체에 집중했고, 더불어 초보자용 세트 상품 등은 10만 원 내외로 구성해서 판매했다.

물론 이때 "줄스 매장도 흔해졌다"라는 목동 손님들의

불만도 많았지만, 이렇게 하는 것이 장기적으로 파충류 산업을 위해 훨씬 나은 선택이라고 생각했다.

# 3.
# 악어 키우는 김줄스

악어라는 동물은 일반 대중에게는 그저 낯섦, 공포감의 상징일 것이다. 그러나 악어도 종류가 다양하다. 그중에는 비교적 순하여 반려동물로 사육할 수 있는 종도 있다. 악어의 종에는 카이만, 앨리게이터, 크로커다일이 있는데, 이 중 크로커다일 종이 대중이 인식하고 있는 이미지 그대로라고 보면 된다. 무섭고 위험한 동물이다.

반면에 카이만과 앨리게이터는 반려동물로 많이 사육되는 비교적 중소형 악어다. 사람들은 이런 점을 잘 모르고 악어라는 것을 '하나의 종'으로 생각하고 두려워한다. 그래서 악악이를 키우는 모습을 유튜브로 일부러 더 보여주려 했다. 악어도 애정을 갖고 키우면 귀여운 생물이라는 것을 알려 주고 싶었다.

악악이는 줄스샵의 손님에게서 입양 받았다. 창업 초기에 알게 된 분인데, 당시 내가 한국에 처음 수입한 알다브라 육지 거북에 관심이 있다고 해서 인연이 생겼다.

건물 전체를 동물 사육장으로 사용하고 연못까지 만들어서 다양한 동물을 키우실 만큼 동물을 좋아하는 분이었다. 특히 파충류나 특이한 생물들을 좋아하셔서 줄스샵에서 여러 동물을 수입해 드렸다.

이분은 드워프카이만과 안경카이만도 엄청 큰 시설에서 여러 마리 키웠다. 워낙 악어를 오래 키웠던 분이라 환경청 당국과의 이해관계나 악어를 키우면서 생기는 행정적인 문제 등에 대해 전해 들을 수 있었다.

국제적 멸종위기종(CITES)의 경우에는 환경청의 수입 허가를 받아야 수입을 진행할 수 있다. 당시에는 전산이 지금 같지 않을 때였고, 공무원들이 파충류에 대해서 잘 모르다 보니 행정 처리 과정에 실수가 있었다. 카이만은 이 과정에서 수입되었다.

카이만은 수입 허가가 나지 않는 종이다. 전산이 생기고 시행령이 수정된 후에는 악어가 들어온 적이 없다. 그러다 보니 환경청에서 악어에 대해 굉장히 예민하게 반응했다. 다른 CITES 보호종 파충류에 비해 사육 허가를 받기가 어려웠다. 한국에서 번식된 개체들을 사육하기 위해서는 다소 까다로운 절차를 거쳐야 했다.

악악이의 입양도 마찬가지였다. 악악이는 2018년 말에 입양했다. 매장도 목동보다 넓은 서초구로 옮겼을 때다. 악악이는 안경카이만이라고 하는 종이다. 악어 중에서는 중소형에 들어가는 파충류다. 물속에서 눈만 빼꼼 내놓는 모습이 안경을 낀 것 같다 하여 안경카이만으로 불린다.

카이만의 사육장은 가로·세로의 길이와 높이, 물의 깊이, 육지의 면적, 잠금장치 등이 법으로 정해져 있다. 아무 데서나 키울 수 없고, 법에서 정한 규정에 맞게 사육장 시설을 갖추어야만 사육을 할 수 있다.

문제는 이것이 성체 악어를 기준으로 만든 규정이라는 것이다. 당시 물 높이가 80cm가 되어야 한다고 규정되어 있었는데, 이 물 높이에서는 막 태어난 30cm짜리 새끼 악어를 사육할 수 없다.

악어가 수중 생활을 하는 파충류이긴 하지만, 물고기처럼 아가미 호흡을 하지는 않기 때문에 물에 빠져 죽을 수 있다. 법을 지키다가는 생물이 죽을 수 있는 기가 막힌 상황이 생기게 된다. 당국에도 설명했지만 이해하는 척해도 결론은 같았다. (법으로 정한 규격의 사육장을 갖추라는 것이다)

다른 문제도 있었다. 당시 자료에는 안경카이만을 키우려면 '성체 크기 3배 이상의 가로 길이, 15배 이상의 세로 길이 및 높이 몇 미터'와 같은 식으로 규정이 되어 있었다. 그런데 문제는 성체의 기준이 명확하게 나와 있지 않다는 것. 그러니 수조를 만들어 신고해도 허가해 주지 않았다.

그쪽에서도 악의적으로 퇴짜를 놓는 게 아니라 진짜로 몰라서 허가해 주지 않은 것이었다. 환경청은 수입 허가를 내주는 곳인지라 이에 대해 강하게 압박할 수도 없었다.

이것은 안경카이만의 문제만이 아니었다. 당시에 CITES 리스트에 올랐던 모든 동물의 상황이 비슷했다. 5cm짜리 새끼 설카타 육지 거북이의 성체가 약 80cm 정도 된다. 당시 규정을 적용하여 계산했을 때, 새끼 한 마리를 키우려면 적어도 세 평짜리 공간이 필요했다. 이것은 관리도 어렵고 효율적이지도 않은 규정이었다.

이런 규정이 생물 복지에 얼마나 연관이 되는지는 모르겠다. 동물원에서도 그 규정을 지키지 못해 동물이 박제된 사건이 있다. 2020년 서울대공원에서 CITES 멸종위기종 그물무늬왕뱀이 동물원 내에서 번식되었다. 암컷이 20여 개의 유정란을 낳은 것이다. 그런데 30cm도 되지 않는 새끼 뱀을 키우기 위한 사육 요건이, 2m가 넘는 성체 뱀을 키우기 위한 요건과 동일했다. 당시 동물원의 사육시설은 수십 마리의 뱀을 키울 여력이 안 되었고, 결국 태어난 새끼들은 두 마리를 제외하고 모두 박제 처리가 되었다.

2022년에 해당 시행령이 개정되어 그물무늬왕뱀의 사육시설에 대한 규정은 완화되었다. 하지만 이미 수십 마리의 새끼들은 박제된 상태다.

## 악뚜의 등장

어쨌거나 나는 악악이를 그렇게 키울 수는 없었다. 고민하던 차에 매장이 있던 건물의 1층 부동산이 나가면서 공간이 생겼다. 그곳에 스튜디오를 마련했다. 그리곤 곧바로 초대형 수조 제작을 의뢰했다. 지하에 있던 줄스샵 매장에는 1m가 넘는 악어를 키우게 될 수조를 둘 공간이 없었기 때문이다.

줄스샵이 시작인지는 모르겠지만 대부분의 파충류샵은 지하에 있다. 줄스샵도 마찬가지였다. 파충류에게는 온도와 습도를 원산지에 맞게 조절해 주는 것이 중요한데, 지하에서는 어느 정도 조절이 된다. 지상에 매장을 두었다가는 전기요금을 감당할 수 없다. 줄스샵이 아무리 잘 돼도 1층으로 옮기는 건 무리였다. 그래도 1층에 악어를 키울 수 있는 작은 스튜디오 하나 정도를 마련하는 건 괜찮겠다 싶었다.

당시 편집자도 유튜브가 성장하고 있는 상황에서 구독자 공간이 필요하다고 했다. 그래서 편집실 겸 스튜디오를 만들었다. 그리고 1층의 스튜디오는 가을부터 100만 원이 넘는 전기료를 내야 했다.

나는 가로 3m에 세로 1.5m, 높이 1.5m 정도 되는 초대형 수조 안에 벽돌을 쌓아서 높이를 조절할 수 있도록 제작했다. 이 수조로 사육 허가를 받았다. 그리고 작은 수조를 따로 두어 악악이가 어느 정도 커질 때까지 여기서 사육하기로 했다.

악악이가 클 때까지 대형수조를 마냥 비워둘 수는 없었다. 그래서 드워프카이만이라고 하는 성체 악어 악뚜까지 입양했다. 그런데 악어를 작은 수조에서 키우는 영상을 올렸다며 신고를 당했다. 심지어 여러 번이나. 하지만 규정대로 만든 수조에서는 새끼 악어를 절대 키울 수 없어 이 정도의 신고는 감수했다.

악뚜 덕분에 유튜브 채널이 많이 성장했다. 등장만으로도 폭발적인 반응을 얻었는데, 악뚜가 등장하는 영상의 조회수는 업로드한 지 얼마 되지 않아 40만을 기록했다. 악뚜가 금붕어를 먹는 영상은 조회수가 190만이 넘는다. 그러자 우리를 따라 악어를 키우는 유튜버들이 생겨나기도 했다.

한국에서는 성체 악어가 굉장히 귀하다. 악어의 수입은 계속 막혀있었고 수입이 가능했던 시기에 새끼 악어를 들

악뚜

여왔다 하더라도 성체까지 키우는 것은 정말 어려운 일이다. 온도와 습도를 맞춰주는 데 드는 엄청난 전기요금을 감당해야 하는 등 악어가 사는 환경을 갖추는 것이 까다롭기 때문이다.

## 악악이를 학대한다고?

악악이를 키우면서 여러 논란에 시달렸다. 유튜브에서는 악어를 키우는 한국인이 나밖에 없다 보니 관심이 집중된 것 같다. 점점 더 주목받게 되면서 영상을 올리면 경찰이나 행정 당국의 연락을 받는 일이 늘어나기 시작했다.

금요일에 영상을 올리면 월요일 아침에 환경청에서 전화가 왔다. 누군가가 악악이 영상을 보고 신고를 한 것이다. 나는 불법을 저지른 것도 아닌데 영상을 내리는 것이 맞느냐고 물으면 환경청에서 "악어… 아시지 않냐"며 내게 읍소했다. 환경청의 사정을 모르는 것은 아니지만 억울하기도 하고 답답하기도 했다.

어차피 악어 사육에 대한 정답은 없었다. 나의 방식이 최선이라고 생각했다. 그래서 댓글이나 신고 때문에 스트레스를 받지는 않았다. 다만, 수입 허가를 해주는 환경청과의 관계가 제일 신경 쓰였다.

블로그만 운영하다가 유튜브에 달리는 수십만 사람들의 의견을 보면서 힘든 부분이 있기는 했다. 방생이니 유기니 하는 식의, 살면서 한 번도 생각해 본 적 없는 것을 문제 삼았으니 말이다. 나는 당연히 모든 동물을 끝까지 책임지고 키울 생각이었다. 한편으로는 이런 내용의 댓글을 보는 것이 그저 신기했다.

악어가 물고기를 먹는 것을 보고 물고기 학대라고 하는 사람이 있는가 하면, 이 모습을 좋아하는 사람도 있다. 먹이 사슬 안에서 누군가는 먹이가 되기 마련이고, 이건 어쩔 수가 없다. 또 생존과 번식의 관점에서 본다면 사람이 동물을 키우는 것이 종 전체에게 나쁠 것은 없다. 설령 그 동물이 식용이라고 할지라도 말이다.

예를 들어 지금 전 세계에서 가장 마릿수가 많은 조류는 닭이다. 종 단위의 관점에서 본다면 닭은 굉장히 성공한 것이다. 멸종할 위험이 전혀 없으니까. 멸종위기 보호종이든 아닌 종이든 똑같다. 엄청난 학대를 가하지 않는 이상, 사람이 키우고 관심을 가지다 보면 그 종은 절대로 멸종하지 않고 후세에 남을 것이다. 그러면 그게 나쁜 것인가?

물론 문제가 생길 수 있다. 동물을 학대하는 사람들은 언제나 있었으니 말이다. 하지만 그것은 개별의 이야기이다. 학대하는 사람은 분명 잘못됐지만, 누군가 동물을 학대한다고 해서 아무도 동물을 기르지 못하게 할 수는 없다. 기르는 사람이 있는 이상 그 종은 멸종될 확률이 줄어든다. 나는 동물을 키우는 걸 무조건 찬성하는 입장이다.

## 가물치 아빠

악어를 키우며 동시에 가물치도 키우게 됐다. 가물치를 키워야겠다고 생각한 이유는 단순하다. 악어의 먹이가 필요했다. 물론 가물치 자체를 좋아하기도 했지만, 일부러 큰 물고기를 키워야겠다고 생각해 가물치를 데려온 것은 아니었다.

그렇게 단순한 이유로 키우기 시작한 가물치가 하나둘 늘어났다. 악어 먹이로 쓰라고 가져다주는 사람들까지 생기면서 세 마리나 키우게 되었다. 나중에는 '가물치 아빠'라는 별명이 생기기도 했다.

가물치는 한국에서 보양식으로 유명하지만, 미국이나 영국 등에서는 관상용으로 인기가 많았다. 영어권 나라에서는 가물치를 스네이크헤드라고 부르는데, 주로 한국이나 동남아에서 많이 수입해 갔다.

가물치는 90cm가 넘는 대형 물고기이다. 커다란 크기만큼 힘도 세서 사육 난이도가 높은 어종이다. 나도 키우기가 쉽지 않았다. 먹이용으로 데려온 것이라도 상태가 안 좋은 생물을 방치할 수는 없었다. 데리고 온 이상, 상처는 치료하고 먹이를 주며 돌봐주어야 한다.

어느 순간부터는 악어보다 악어의 먹이인 물고기를 키우는 데 시간과 비용이 더 많이 들었다. 물고기를 키우기 위해서는 여과기도 계속 돌려줘야 하고 수질 등 신경 써야 하는 부분이 많았다. 이것은 처음 악어를 키울 때는 전혀 고려하지 않았던 점이었다.


## 태화강에 악어가 나타났다고?

2019년 겨울, 인터넷에 울산 태화강에 악어가 나타났다는 내용의 영상이 올라왔다. 처음에는 큰 관심이 없었는데, 내가 들어가 있는 거의 모든 커뮤니티에서 영상을 보내주는 사람들이 쏟아졌다. 어떤지 좀 봐보라는 것이었다.

영상에서는 커다란 성체 악어가 강둑을 배회하고 있었다. 악어는 둥근 주둥이를 가진 것으로 보아, 미국산 앨리게이터나 고기를 목적으로 교잡된 앨리게이터인 것 같았다. 이것이 사실이라면 정말 위험한 상황인 것이다.

그런데 악어를 오래 키우고 습성을 잘 파악하고 있던 나는 영상을 보자마자 조작이라는 것을 알 수 있었다. 추가로 조금만 찾아봐도 영상이 조작이라는 증거는 수두룩했다. 우선, 영상 자체가 조악했다. 영상을 보면 화면 녹화 프로그램을 사용한 것을 알 수 있었는데, 직접 촬영한 영상이 아니었다. 심지어 이 프로그램은 정품도 아닌 듯했다. 두 번째, 영상 속 강둑은 태화강이 아니었다. 구글에 태화강이라고 검색하면 수많은 태화강 사진이 나오는데, 그런 장소는 없었다. 나 역시 다양한 각도로 찾아보았지만, 영상 속 구조물이 있는 강둑은 없었다. 세 번째로 영상을 찾던 도중 동일한 영상이 같은 해 여름에 이미 페이스북에 올라온 적이 있는 것을 보았다. 그때는 이 영상을 두고 '한강에 나타난 악어'라고 소개했고, 그 게시물이 여전히 돌아다니고 있었다. 마지막으로 파충류의 특성을 생각하면 이는 절대 있을 수 없는 일이었다. 영상이 올라온 시점의 울산 날씨를 검색해 보면 최고 기온 $11°C$, 최저 기온 $2°C$다. 사람에게도 상당히 추운 날씨인데, 악어는 파충류이고 파충류는 변온동물이다. 온도가 $10°C$ 이하로 내려가는 곳에서는 하루도 견딜 수 없다. 물론 파충류는 동면하기도 한다. 하지만 온도 방어가 되는 깊은 수심이나 흙 아래에서나 가능한 이야기고, 기온이 조금씩 떨어지고 있는 때에만 가능하다. 갑자기 $10°C$ 이하의 날씨에 파충류가 밖을 돌아다니는 경우는 없다. 더군다나 열을 빼앗기는 강물 속에 있다면 진작 시체가 되어 물 위를 떠다니고 있었을 것이다.

악어 영상을 올리면 방생하지 말라는 댓글이 빠짐없이 달렸다. 나는 방생은 생각도 해본 적이 없어 신경도 쓰지 않지만, 실제로 악어를 키우거나 파충류에 관심을 가지고 있는 사람들은 피해를 입는다. 이런 조작 글들로 인해 근거 없이 악어와 파충류는 그저 무서운 존재, 키워서는 안 되는 생물이 되는 것이다.

  이런 식으로 잘못된 인식을 퍼트려 남에게 피해를 주는 사람들에게 묻고 싶다. 이런 영상을 만드는 이유가 무엇이냐고, 시간이 남아도느냐고 말이다.

  조작 영상이나 기사의 일부만 보고 사실이라고 믿는 사람들도 많다. 그다지 관심이 없기 때문에 사실 확인을 하지 않는다. 우리도 내가 관심 없는 분야에 대한 정보는 큰 확인 없이 흘려버리지 않는가.

  그러나 이런 사람들이 많아지면 파충류 자체에 부정적인 이미지가 확산될 수 있다. 나는 이를 사전에 차단하자는 생각으로 당시 영상을 만들어 올렸다. 왜 그 영상이 조작인지에 대해 이야기하는 영상이었다. 아무래도 악어하면 김줄스를 떠올리는 사람들도 많았고, 악어를 오래 키우고 잘 알고 있는 사람이 설명하면 좋을 것 같았다.

4.
# 동물은 모두 똑같은 생물이다

나는 모든 동물은 똑같다고 생각한다. 그렇기 때문에 어떤 한 생물이나 특정 집단이 악으로 비치는 영상을 만들지 않으려고 노력했다. 구독자들과 함께 공모전에 나갔던 것을 영상으로 만들어 올린 적이 있는데, 이 영상을 올린 이유는 말벌에 대한 인식개선을 위해서였다.

구독자들과 동물 이야기를 하는 단체 채팅방이 있다. 거기서 쌍살벌에 대해 이야기를 하다가 친환경 방제 공모전이 열린다는 소식을 알게 되었다. 곤충을 좋아하는 친구와 사업 만들기를 좋아하는 친구 몇 명을 모아 공모전에 나갔다. 우리는 쌍살벌을 활용한 해충 관리 아이디어를 제안했는데, 그 결과 최우수상을 수상하여 상금으로 100만 원을 받았다.

지금 내가 살고 있는 홍천은 산으로 둘러싸여 있다. 그러다 보니 말벌이나 쌍살벌이 많다. 사람들은 주로 꿀벌을 좋아하고, 말벌이나 쌍살벌은 싫어하는 것을 넘어 못 죽여서 안달이다. 유튜브에 '말벌'을 검색해 보면 말벌을 프라이팬으로 치고 토치로 죽이는 영상이 수두룩하다. 이런 영상을 사람들은 좋아한다. 조회수를 보면 몇백만 뷰가 넘는다.

나는 말벌집을 제거하는 영상은 만들어 올린 적은 있으나 말벌을 잔인하게 죽이는 영상은 만들지 않았다. 말벌도 꿀벌처럼 생태계에서 중요한 역할을 하는데, 많은 이들이 잘 모르는 것 같다. 말벌은 충매화의 수술과 암술을 만나게 해서 수정을 시키고 과일의 생육을 돕는다. 게다가 일반적으로 해충으로 알려진 벌레들, 예를 들어 나방 애벌레나 나비 애벌레들을 사냥한다. 말벌이 익충이라는 것은 과학적으로 증명이 된 사실이다.

벌침에 대해서도 오해하는 부분이 있다. 벌침에 쏘이더라도 알레르기 쇼크가 있거나 엄청난 공격을 받지 않는 이상, 또 장수말벌이나 꼬마 장수말벌 같이 강한 독을 가진 극소수 종에게 쏘인 게 아닌 이상은 금방 회복할 수 있다.

그런데도 사람들은 이런 이야기는 듣기 싫어한다. 예전부터 말벌은 사람들을 공격하는 곤충, 위험한 곤충이라는 인식이 강하게 박혀있기 때문이다. 파충류 샵을 시작할 때, 일반 대중이 뱀이나 도마뱀을 무조건 징그럽고 이상한 것으로 생각했던 것과 똑같다.


## 해외 펫샵은 어떻길래

2012년부터는 해외 파충류 샵을 다니며 시장 조사를 하기 시작했다. 태국 방콕의 짜두짝 시장에 간 적이 있는데, 파충류를 분양하는 샵들이 몰려 있었다. 당시에는 팬서 카멜레온이나 유로메스틱스 같이 특이하고 한국에서는 쉽게 보기 어려운 동물들이 많았다. 그때는 나도 신기하다며 구경하기 바빴다.

비슷한 시기, 유럽에도 갔다. 유럽은 동네를 걷다 보면 파충류 샵이 하나둘씩 보였다. 일상에 자연스레 들어와 있는 풍경이었다. 그중에는 카멜레온을 전문으로 하는 곳도 있었는데, 이런 샵에는 당시에 이미 물을 자동으로 뿌려주는 미스팅 시스템, 서식처에 맞는 식물 등 사육 환경이 완벽하게 갖춰져 있었다. 그에 비하면, 당시 한국의 파충류 샵은 물고기를 분양하는 수족관 수준이었다.

그런 한국의 시장이 빠르게 발전하기 시작했다. 2019년쯤에는 해외와 비교해도 손색없을 정도였다. 오히려 한국이 더 나은 부분이 많다고 볼 수도 있을 정도다.

몇 년 전부터 기본적인 인테리어도 카페처럼 깔끔하고 청결해졌고, 개체들도 많이 늘어났다. 외국 시장에 있는 용품은 한국에서도 무조건 판매되고 있다. 한국도 해당 종에 맞는 환경을 갖추기 시작한 것이다.

지구상 생물의 절반 이상이 열대지방에 집중적으로 서식한다. 태국이나 홍콩, 대만 같은 곳은 날씨가 워낙 따뜻하기 때문에 온도나 습도에 대해서 신경을 쓸 부분이 없다. 대만은 알다브라 육지 거북이를 수목원 같은 곳에 1년 동안 방사해 놓는다. 60살, 70살 먹은 애들도 일반 가정을 그냥 돌아다닌다. 홍콩은 그냥 가정집 베란다에 육지 거북이들을 풀어놓고 1, 2년을 키운다. 이렇게 별다른 시설 없이 키워도 문제가 없는 나라이다.

그러나 한국은 이렇게 방치하여 키울 수 없다. 계절의 변화가 뚜렷하기 때문이다. 특히 겨울이 있기 때문에 온도 조절을 위한 조명을 맞춰 사육장에 달아주어야 한다. 그 외에도 환경 조성을 위해 필요한 용품이 많다. 그러다 보니 다른 동물에 비해 파충류 사육에 비용이 많이 들고 손도 많이 간다.

한국은 애초에 이런 파충류의 사육이 불가능한 환경이기 때문에 섬세하게 돌봐줘야만 키울 수 있는 환경이다. 그런데도 다른 열대지방 샵과 비교했을 때 우리나라 분양 샵이 동물 상태나 환경에서 부족하지 않은 상황이 된 것이다. 한국 시장이 이렇게까지 성장한 것은 놀라운 일이다.

한국이 이렇게 빨리 성장한 가장 큰 이유는 인프라라고 생각한다. 해외 거래처와 연락하기 위해서는 인터넷이 꼭 필요하다. 2010년대 초반에도 한국은 인터넷이 가장 빠른 국가였다. 그때는 인터넷이 지금처럼 보편화되어 있지 않은 국가가 많았다. 대부분 인터넷을 하려면 컴퓨터가 있는 카페에 가야 했다. 이메일마저도 안 되는 사람은 팩스로 연락을 해야 했다. 항공사도 이메일이 제대로 안 돼서 팩스로

주고받았다. 이런 상황을 아프리카나 남미 딜러들도 답답하다고 느꼈을 것이다.

  하지만 한국은 아니었다. 파충류 문화가 막 들어왔을 당시에도 인터넷을 거의 공짜로 사용할 수 있었고, 와이파이도 많은 장소에 보급되어 있었다. 이미 인프라가 보장된 상태에서 파충류 문화가 들어온 것이다. 이런 환경이기에 파충류 문화가 상대적으로 늦게 들어 왔어도 빠르게 성장을 할 수 있었으리라고 본다. 물론 자본도 빠질 수 없다.

# 5.
# 함께한 동물들만 등장하는 유튜브

줄스샵이 희귀 파충류만을 다루다가 점점 다양한 동물을 다루게 된 것처럼, 유튜브 영상에도 변화가 있었다. 유튜브를 처음 시작할 시기에는 파충류를 키우는 데 필요한 실용적인 지식 위주의 영상이었다면, 시간이 점차 흐르면서 2019년에는 다양한 동물을 소개하는 영상이 중심이 되기 시작했다.

그 영상에 등장하는 동물은 대부분 내가 오랫동안 키웠던 동물들이다. 개인적으로 모두 좋아하는 개체이기 때문에 습성이나 특징을 잘 알고 있었다. 그래서 더 재미있고 수월하게 촬영했던 기억이 난다.

영상 콘텐츠를 만들 때는 언제나 큰 틀의 주제는 있었지만, 어떤 상황이나 행동을 유도하기 위해 개입하지는 않았다. 그러다 보니 자연스러운 상황에서 동물들의 재미있거나 귀여운 행동을 많이 담을 수 있었던 것 같다. 첫 영상이었던 네로우 브릿지 머스크 터틀이 먹이인 가재에게 물리는 장면, 도마뱀이 두리안을 먹고 고개를 절레절레 흔드는 장면 등은 전부 이런 과정을 통해 탄생했다.

일반적으로 대부분의 다큐멘터리에는 사람이 개입한다. 스튜디오에서 촬영하거나 상황을 만들거나 하는 식이다. 그런데 우리의 유튜브 영상에는 그런 개입을 넣지 않았다. 의도하는 바가 없기 때문이었다. 다큐멘터리에서 보여주고 하고자 하는 특정한 그림이 없었다. 그저 영상에 나타나는 상황에 맞춰 필요한 정보를 넣는 식으로 했다.

기본적으로 동물의 원산지와 그로 인해 나타나는 행동 특징을 중심으로 설명하고 그 밖의 특이한 점을 소개하는 방식이었다. 물론 이러한 내레이션을 하기 전에 동물들의 특성에 대해 숙지하고 있어야 하는데, 나는 그것이 체득되어 있어 크게 어렵지 않았다.

많은 동물을 키웠지만 사연 없는 동물은 없었다. 요정 아니냐는 댓글이 달릴 정도로 귀여운 외모를 가진 슈가 글라이더 옥순이는 직원이 키우던 동물이었다. 슈가 글라이더는 인도네시아나 호주에서 서식하는 동물인데, 사람을 좋아하는 동물이라 애완용으로도 많이 키운다.

  슈가 글라이더는 몸에 까만색 줄무늬가 있는 것이 특징이다. 하지만 옥순이는 루시스틱\*으로 온몸이 하얀색이었다. 이런 루시스틱은 자연에서는 매우 눈에 띄기 때문에 생존하기 어렵다. 반면에 관상용으로는 인기가 많다. 일부러 번식을 시키기도 한다. 그 결과 지금은 돌연변이라기보다는 슈가 글라이더의 종류 중 하나로 여겨진다.


  물왕도마뱀 용식이는 지인이 오랫동안 키우다 더는 키울 수 없게 되어 데려온 동물이다. 최대 3m까지 자라는 물왕도마뱀은 세계에서 두 번째로 큰 도마뱀으로 알려져 있다. 용식이도 몸이 1m가 넘었고 무게도 상당했다.

..........
\* 동물의 체모 또는 피부가 색소 세포 부족으로 인해 흰색으로 나타나게 되는 돌연변이

원래 물왕도마뱀은 사람을 공격하기도 하는 위험한 동물이다. 키우기 위해서는 법적으로 사육시설을 등록하도록 규정하고 있을 정도로 위험성이 있다. 애완용으로 적절한 동물은 아닌 것이다. 그런데 용식이는 굉장히 얌전한 편이었다. 그러다 보니 영상 속 거대한 도마뱀 용식이가 귀엽다는 반응이 많았다.

네로우 브릿지 머스크 터틀은 군대 가기 전 사기를 당했던 종이라 더 기억에 남는다. 물리면 피가 날 정도로 뾰족한 이빨을 가지고 있어 뱀파이어거북으로도 불리는데, 머스크에 속한 개체 중 가장 큰 종이다. 사람을 잘 따르긴 하지만 동시에 매우 사나워 자칫하면 크게 다칠 수 있다. 위험하지만 매력적인 외형 때문에 인기가 많기도 하다. 이 종은 기존의 머스크 거북과는 달리 헤엄을 굉장히 잘 치고 체형이 동그래서 개인적으로도 특히 좋아하고 귀여워했다.

사기를 당했던 일과는 별개로, 남미 거북이들은 번식 또한 까다롭다. 일반적인 파충류가 2개월 내외로 부화하는 것에 비해, 네로우 브릿지 머스크 터틀은 최장 8개월에서 12개월까지 부화 기간이 걸린다. 나는 한국에서 이 종을 처음 부화시켰던 기록도 가지고 있을 정도로 이 녀석들에게 애착을 갖고 길렀다.


## 영상 제작의 뜻밖의 어려움

영상을 제작하면서 느낀 어려움 중 하나는 목소리다. 원래의 나는 텐션이 굉장히 낮은 사람이다. 평상시에는 말투의 높낮이가 거의 없는 편인데, 그냥 말한 것에 화가 났냐고 묻는 사람도 있다.

처음에는 평소 목소리 그대로 녹음해 영상을 만들었다. 그러다가 다른 유튜버들의 영상을 보니 대체로 밝고 텐션이 굉장히 높았다. 파충류 유튜버들도 마찬가지였다. 이대로는 안 되겠다는 생각이 들었다.

내 텐션이 낮으니 소위 억지 텐션이라도 만들어야겠다고 생각했다. 맥주를 몇 잔 마시고 녹음하기도 했다. 연못 만들기 초창기 영상만 보더라도 일부러 목소리를 높이고 빠르게 말하려고 하는 영상들이 있다. 요즘 만드는 영상을 보다가 이전 영상을 보면 '정말 힘들게 했구나' 하는 생각이 든다. 확실히 그때보다는 지금이 훨씬 자연스러워졌다.

chapter

# 3

1. 민감한 주제도 다루고 싶었다
2. 앎이 필요한 파충류의 사육 환경
3. 연못을 만들기로 했다
4. 귀농을 할 생각은 없었다
5. 식물을 알아가다

# 1.
# 민감한 주제도 다루고 싶었다

 밀수는 모든 생물 산업에서 사라지지 않고 있는 문제이다. 한국뿐만 아니라 해외 선진국에서도 모두 벌어지고 있다. 그런 만큼 민감한 주제다.
 파충류 분야라고 다르지 않다. 다른 생물에 비해 작고 이동이 쉽다는 개체의 특성상 밀수가 더 쉽고 심한 편이다. 발톱이 날카로운 거북이도 테이프로 감아버리면 움직이지 못한다. 소리를 내지 않기 때문에 아무것도 하지 못하는 것이다.
 공공연하게 진행되고 있는 밀수라는 주제를 유튜브라는 공개적인 매체에서 말하는 것이 쉬운 일은 아니었다. 그런데도 이와 관련된 영상을 만들었다. 이유는 '생물 밀수' 그 자체를 알리기 위해서였다.

밀수 관련 영상을 만들기 3일 전에도 필리핀 마닐라 공항에서 1,592마리의 거북이가 발견되었다는 뉴스를 보았다. 그중에는 멸종위기종인 헤르만거북, 별거북이도 있었다. 뉴스 속 거북이들은 모두 다리가 테이프로 칭칭 감겨있었다. 이는 거북이를 밀수할 때 사용하는 전형적인 방법이다.

밀수로 들어온 개체는 대체로 컨디션이 좋지 않고 오래 살지 못한다. 장시간 테이프에 묶여 제대로 먹지도 못했기 때문에 여파는 무조건 나타난다. 예를 들어 밀수된 개체에게 고칼로리·고영양분의 먹이를 주면 장내 기생충이 폭증하는데, 이는 장이 비어 있다가 갑자기 먹이 상태가 좋아졌기 때문이다.

수입 일을 오래한 나는 거북이의 무게나 등갑 상태를 보면 밀수된 건지 아닌지를 파악할 수 있다. 거북이 같은 경우에는 물리적으로도 만져보면 속이 비어 있다는 느낌이 든다. 오랫동안 다양한 파충류를 다루면서 체득한 경험치다.

하지만 일반 소비자가 밀수된 개체를 구별하기는 쉽지 않다. 서류 세탁이 되어 출신지를 속이는 경우도 많기 때문이다. 예를 들면 동남아의 별거북이가 유럽으로 넘어간 뒤, 유럽에서 번식된 개체로 서류만 바꾸고 들어오기도 한다. 이 경우 유럽 출신이라는 이유로 더 비싼 값에 분양되는데, 쉽지 않은 문제다.

## 누구를 위한 방생인가

어느 날 매장에 전화 한 통이 왔다. 저렴한 거북이 몇백 마리를 구매할 수 있느냐는 문의였다. 일반적이지는 않은 상황이라 무슨 이유로 이런 것을 찾느냐고 물었다. 어떤 종교단체인데 방생 행사를 해야 한다고 했다. 듣자마자 "우리는 그런 거 안 한다"라고 말하곤 바로 끊어버렸다. 이런 방생 관련 문의는 봄이 되면 매년 찾아왔다.

사람들은 흔히 생태계 교란종이라고 하면 일반 개인이 유기하는 것만 생각하는데, 실제로는 그렇지 않다. 리버쿠터, 늑대거북 등과 같이 생태계 파괴범이라고 불리고 있는 개체들은 정치나 종교단체에서 주도하는 행사에서 방생하는 경우도 많다.

 방생은 물고기나 새, 거북이 등 사람에게 잡힌 생물을 다시 자연으로 돌려보내 주는 것으로 공덕을 쌓는 종교의식이다. 불교계 행사로 알려져 있으나 무속신앙 등 기타 종교에서도 방생 행사를 매년 열고 있다.
 문제는 생물을 살리자고 하는 방생 행사가 오히려 생물을 죽이고 있다는 것이다. 민물 거북이를 바다에 방생하거나, 홍콩이나 대만과 같은 환경에서 사는 거북이를 아무렇게나 방생한다. 이렇게 방생된 거북이는 대부분 죽는다.

 살아남는다고 하더라도 문제가 발생한다. 대표적인 예가 붉은귀거북이다. 눈 뒤부터 목까지 이어지는 빨간 선이 특징인 종으로, 애완용 거북이로 큰 인기를 끌었다. 그런데 단순 호기심으로 입양된 거북이들은 이후 저수지와 하천에 무책임하게 유기됐다. 이로 인해 붉은귀거북의 개체수가 점점 증가했고, 토종 거북이는 개체수가 감소하게 되었다. 정부는 이를 이유로 붉은귀거북을 유해종으로 지정하고 2001년 수입을 금지했다.

그런데 이것이 개인이 반려동물로 사육하던 거북이를 방생했기 때문만일까? 현업에 있었던 나는 단순하게 생각하지 않는다. 분명 종교적인 이유도 있을 것이다.

요즘에는 방생도 환경에 득이 되는 종을 선별하여 진행한다. 이런 경우 하천에 긍정적인 영향을 줄 수 있다. 하지만 이것도 해석하는 사람에 따라 달라진다.

최근 머드크랩이 제주도 바다에서 발견되었다는 기사를 보았다. 성인 손바닥만큼 큰 집게발을 가진 것이 특징인데, 몸빛깔이 푸른색을 띄고 있어 부산이나 거제에서는 청게라고도 불린다. 이 머드크랩이 제주도 바다에서 최상위 포식자라 문제가 된다고 한다.

그런데 아이러니한 것은 몇 년 전부터 부산 일대에서 머드크랩을 일부러 방생하고 있었다는 점이다. 수자원 개발이 목적이었다. 한쪽은 생태계를 위해 방생하는데, 한쪽은 생태계가 파괴되고 있다고 말하는 상황인 거다.

나는 동물 자체는 죄가 없다고 생각한다. 이것을 대처하는 사람들이 문제다. 누가 어떻게 해석하느냐에 따라 애꿎은 동물은 생태계 파괴자가 되기 때문이다.

쿠터라고 불리는 미국의 거북이들은 성체가 되고 나면 수중 환경의 녹조류를 먹는 데 대부분의 시간을 보낸다. 그럼 만약, 한국의 생태계가 변해 녹조가 많이 끼어있는 환경이 된다면, 수입 금지 종이 된 쿠터를 생태 복원이라는 이유로 방생하지는 않을까?

## 방생 아니면 유기?

거북이 방생 관련 영상 마지막에 키울 여력이 없다면 줄스샵으로 데려오라는 말을 남겼다. 줄스샵은 큰 거북이를 키울 수 있는 여과 능력이나 시설을 갖추고 있기도 했지만, 무엇보다 고통받는 동물을 줄이고 싶었고 거북이에 대한 안 좋은 시선을 없애고 싶었다.

이후 1년 동안 30마리가 넘는 성체 거북이를 받았다. 거북이 한 마리를 키우는 데 시간과 비용이 정말 많이 들지만, 생물을 좋아해서 시작한 일이라 이런 것은 크게 신경 쓰지 않았다.

그러던 어느 날, 나로서는 충격적인 대화를 듣게 되었다. 줄스샵에서 내 주업무는 수입이었기 때문에 매장에 매일 출근하지는 못했다. 그래도 가끔 매장에 나가 동물을 돌보고 손님도 받았다. 그날도 오랜만에 매장에 가서 일을 한 날이었다.

매장 앞에서 남자 두 명이 큰 소리로 대화하고 있었다. 한 남자가 키우고 있는 쿠터가 너무 커서 고민이라고 말했다. 쿠터는 대형종에 속하는 거북이로 30cm까지 자란다. 그러자 말을 듣던 다른 사람이 이렇게 말하는 것이었다.

"여기로 데리고 오면 받아준대. 크기 작은 거북이로 교환해 가."

아니나 다를까 그들은 매장에 들어와 성체 거북이를 새끼로 바꿔줄 수 있냐고 물었다. 나는 끓어오르는 화를 삭이며 그건 어렵다고 대답하고 돌려보냈다.

생물에 대한 인식개선을 위해, 그리고 동물의 고통을 줄여주기 위해 한 일을 이렇게 받아들이는 사람이 있다는 것에 회의감을 느꼈다. 그 후, 더 이상 거북이를 받지 않겠다는 영상을 올렸다.

## 아픈 레몬 프로스트

파충류 관련 커뮤니티에는 '모프'라는 단어가 자주 올라온다. '변하다'라는 뜻의 영단어 'Morph'에서 유래된 용어로, 변이체를 가리킨다. 도마뱀 모프는 기존 개체들과는 다른 색깔에 다른 패턴을 가지도록 새롭게 개발된 개체다. 그러다 보니 특이한 외형 때문에 사람들에게 인기가 많다. 그런데 이러한 모프 개체들은 치명적인 문제를 안고 있다. 유전적 결함을 지니고 태어나는 경우가 많다는 것이다. 물론 모두 그런 것은 아니고 브리더의 능력에 따라 다르기도 하다.

나도 모프 개체를 영상으로 다룬 적이 있다. 바로 레오파드 게코의 모프인 레몬 프로스트이다. 형광 노란색의 몸통이 레몬처럼 생겼다고 하여 레몬 프로스트라고 불리는데, 나온 지 얼마 안 된 종으로 신모프라고 불린다.

내 영상에 등장한 레몬 프로스트는 암에 걸린 채 태어났다. 사실 모든 레몬 프로스트가 종양을 갖고 태어난다. 외국에서는 2017년부터 종양이 없는 개체를 찾으려 했지만, 새끼 때 문제가 없더라도 자라면서 결국 종양이 생겼다고 한다.

　해외에서는 이 사실이 이미 잘 알려져 있었고, 레몬 프로스트를 더 이상 분양하지 않았다. 그러나 한국에서는 이러한 문제가 제대로 알려지지 않은 상태에서 분양되기 시작했다. 일부 유튜버들은 모프 개체의 특이한 외형을 소개하며 적극적으로 분양했고, 큰 수익을 얻는 이들도 생겼다.

　결국 문제가 발생했다. 한국에 분양된 모든 개체에서 결함이 발생한 것이다. 이것 때문에 파충류 업계가 한번 떠들썩했었다.

　줄스샵에서는 레몬 프로스트를 한 마리도 분양한 적이 없다. 한 마리에 몇십만 원씩 하기 때문에 분양하면 돈은 많이 벌 수 있다. 하지만 '과연 이게 맞나' 하는 생각이 들었다. 모프라고 하는 것은, 결국 사람의 욕망이 만들어 낸 특이한 형질이다. 이에 대해 분양하는 사람도 키우는 사람도 책임감을 지녀야 한다.

　강아지나 고양이를 키우는 사람들은 이 부분에 대해 잘 인지하고 있지만, 파충류는 아직도 그렇지 않다. 정말 안타깝다. 돈이 되면 끝이다.

여전히 이 문제에 대해 모르는 사람이 많은 것 같아 영상을 올렸다. 아는 사람이 늘어나는 만큼 고통받는 동물이 줄어들 것이라고 생각했다.

물론 영상에 '싫어요'를 누르거나 부정적인 댓글을 다는 사람은 항상 있다. 하지만 이런 정보를 자세히 소개하고 다뤄주어 고맙다는 반응이 많았다. 레몬 프로스트를 키우고 있는데 이 사실을 영상을 통해 유전학적 문제에 관해 처음 알게 되었다는 사람도 있었다.

# 2.
# 앎이 필요한 파충류의 사육 환경

 물고기를 키울 때는 어떤 종인지 반드시 확인해야 한다. 구피도 흔한 종이 있는가 하면 귀한 종이 있고, 새우도 종류가 수십 가지이다. 열대어의 종류가 그만큼 다양하다. 같은 구피라도 형질마다 특징이 조금씩 다르기 때문에 여과 사이클, 필요한 식물, 조명의 밝기 정도 등이 다르다.

 이들의 특징을 잘 파악해 두는 것이 꼭 생물에게만 좋은 것은 아니다. 어떻게 활용하느냐에 따라 더 효율적으로 수조를 관리할 수 있기에 키우는 사람도 현실적인 도움을 받을 수 있다.

 이끼는 특히 관리하기가 어렵다. 작은 어항이라도 수조를 관리해 본 적이 있는 사람이라면 공감할 것이다. 이끼는 생물에게 해를 끼치지는 않지만, 미관상 좋지 않아 주기적으로 제거해야 한다.

줄스샵에도 다양한 수조가 있었다. 대형수조는 청소하는 데에만 보통 2시간씩 걸렸는데, 최저 시급을 만 원이라고 했을 때, 이끼 청소에만 하루에 2만 원의 비용이 발생했다. 관리 비용이 이끼 청소에만 드는 게 아니니 이건 결코 작은 비용이 아니다.

그래서 나는 이끼 관리에 새우와 달팽이를 활용했다. 두 개체 모두 이끼를 먹는데, 달팽이는 벽면의 이끼를 먹고 새우는 실이끼(다른 형태의 이끼)를 먹는다. 완벽하게 제거할 수는 없지만, 이렇게 하면 비용을 들이지 않고 이끼를 어느 정도 처리할 수 있다. 앎의 차이에서 생기는 비용 효율인 셈이다.

악어 수조에 물고기를 넣을 때도 가장 중요하게 고려한 것은 종의 특징이다. 악어 수조에 들어간 아로와나 캣피쉬도 모두 남미 출신으로, 아마존강에서 서식하는 카이만과 함께 키워도 생태적으로 문제없는 물고기들이다.

남미 출신의 멋지고 화려한 대형 어종은 일반 대중이 쉽게 접할 수 없는 개체이기도 해서, 이 기회에 개체들의 특성이나 개성을 구독자들에게 보여주는 것도 좋겠다고 생각했다. 그런데 영상을 보고 악어와 물고기를 함께 키우는 것에 반감을 느끼는 사람도 많았다. 일부러 어그로를 끄냐는 말을 듣기도 했다.

하지만 악어와 물고기를 함께 키우는 것은 물고기와 애플 스네일(달팽이)을 함께 키우는 것과 다를 것이 없다. 해외 사육장의 사례들이나 야생 생태계만 생각해 봐도 전혀 문제가 없다. 오히려 움직임이 거의 없는 악어가 물고기를 쫓아다니면서 활동성이 늘어날 수도 있다.

중요한 것은 카이만은 입이 작아 성인 손바닥 크기 이상의 생물은 먹으려고 시도조차 하지 않는다는 것이다. 황소개구리가 옆에 있어도 반응도 하지 않는 종이다. 귀찮아서 입질을 하는 것과 사냥을 하려 공격을 하는 것은 천지 차이다. 악어가 모두 똑같다는 생각에서 오는 오류이기도 하고.

## 다양한 환경의 동물원에 대한 생각

최근에는 동물원의 존폐 위기가 닥쳐왔다. 환경 보호 단체에서 강하게 의견을 내고, 입법을 통해 실내 동물원이든 야외 동물원이든 동물을 사육하고 관람시키는 시설을 없애고자 하는 움직임이 생기고 있다. 그런데 나는 동물원은 있어야 한다고 생각한다.

동물원의 종류는 다양하다. 한국식 실내 동물원, 에버랜드 같은 야외 동물원, 유럽의 생태형 동물원 등. 나는 동물원에 있는 모든 구성원은 동물을 좋아하고, 아끼고, 가능한 선에서 최선의 복지를 제공한다고 생각한다. 한 치의 의심도 없다. 사육사라는 직업 자체가 쉽지 않다. 사람들은 3교대도 기피하는데, 동물을 키우는 일은 1교대다. 24시간 방심할 수가 없는 직업이다.

최근 온라인 커뮤니티에서 지방에 있는 동물원이 논란이 된 걸 봤다. 사육사가 혼자 관리하는 것이 문제가 되었다. 나도 해당 동물원의 사진을 찾아보았다. 양이나 알파카 털에 먼지가 쌓여 있거나 동물들이 털에 파묻혀 있었다. 사육사가 혼자이니 개체 하나하나를 세세하게 관리하지 못하는 것 같았다.

그러나 그보다 먼저 내 눈에 들어온 것은 바로 사육장의 청결도였다. 사육사가 혼자서 관리를 한다는데, 사육장 청소를 얼마나 신경 쓰고 있는지 사진만 보아도 알 수 있었다. 매우 청결한 상태였는데, 결코 쉬운 일이 아니다.

물론 그곳에서는 호랑이나 퓨마 같은 동물을 좁은 우리에서 키우고 있었다. 좋지 않은 환경인 것이 맞다. 하지만 이러한 열악한 시설 문제는 결국 시간이 해결해 줄 것이라고 생각한다. 일반 대중들도 동물에 대한 이해가 높아지고 있고, 그만큼 많은 관심을 표하고 있는 중이다. 법도 많이 개선되고 있다. 동물원 법이 개정되면서 자연 채광이 들지 않는 시설의 경우는 폐쇄되고 있다. 이런 상황에서 많은 동물원의 시설이 개선될 것이라 믿는다.


## 실내 동물원은 안 좋은 걸까

실내 동물원에 대해서도 사람들의 의견이 분분한 것으로 알고 있다. 나는 실내에서 동물을 사육하는 것이 근본적인 문제는 아니라고 생각한다. 문제는 어떻게 동물을 보살

피느냐가 아닐까.

사업적인 관점으로 접근해도, 대중들은 동물의 상태만 보면 이 동물이 어떤 취급을 받고 있는지 충분히 알 수 있다. 지금은 20세기가 아니다. 유튜브를 켜면 3초 만에 자연에서 뛰노는 동물들이 나오고, 가정에서 가족처럼 보호받고 지내는 희귀 동물들도 접할 수 있다.

구태어 이 민감한 이야기를 하는 것은 동물원에 대한 시각 차이를 짚고 싶기 때문이다. 복지 계란이라는 것을 한번 떠올려 보자. 많은 사람들이 동물 복지를 선호하고, 조금 비싸더라도 복지 계란을 소비하려고 한다. 이론상 좋은 것이다. 하지만 한국에는 그 복지 계란을 살 수 없는 계층도 분명히 존재한다. 이는 전 세계적으로도 마찬가지다. 그런데 이 현상이 지속되고 그 시장이 점점 커지면, 일부 사람들은 앞으로 평생 계란을 먹지 못할 수도 있다. 비싸기 때문에.

언제나 대체제가 존재하고, 앞으로는 대체육까지 개발될 것이니 더욱 그렇다. 실제로 북한에서는 계란이 노동자의 월급과 비교되는 귀한 음식이고, 과거에는 제사상에만 올리고 다시 닭장으로 보내는 진귀한 동물이었다고 한다.

나는 사람을 우선으로 생각한다. 동물을 좋아하는 것과 별개로, 사람이 우선이다. 동물원도 마찬가지다. 한국식 고급 동물원인 에버랜드나 해외의 고급 동물원에 갈 수 없는 사람들은 분명히 존재한다. 그럼 그 사람들에게는 동물을 접하고, 관심을 갖고, 터치를 할 수 있는 기회가 없어야 하는 걸까? 나는 아니라고 생각한다. 그런 체험을 해본 사람과 아닌 사람의 격차는 크게 벌어질 것이다. 동물에게 안 좋은 방향으로.

동물과의 교감이 조금이라도 있었던 사람은, 동물을 대하는 태도가 달라진다. 동물도 성격, 취향, 개체별의 차이를 가지고 있다는 점을 인지하면 단순 사물로 대할 수 없다.

이런 관점으로 본다면 무조건 실내 동물원을 막고 반대하는 것이 궁극적으로는 좋지 않을 거라 생각한다. 희귀 동물을 접하는 사람들은 적어지고, 그러면서 희귀 동물 종 자체에 대한 인식이 떨어질 수밖에 없기 때문이다. 실내 동물원의 행태에 대해 만족하는 것은 아니지만, 대중의 관심을 유도한다는 것에는 나쁘지 않다고 본다.

3.
# 연못을 만들기로 했다

 서초구 매장에서 악어를 키우면서 경찰 신고나 민원을 정말 많이 받았다. 금요일 오후에 영상을 올리면 월요일 아침에 정부 기관에서 전화가 왔다. 그런 영상을 왜 올렸냐고 캐물었다. 잘못된 게 뭐냐고 되물어도 답은 없었다. 이러한 상황이 수십 차례 반복됐다.

 우리는 규정대로 했기에 잘못한 것이 없었지만 일일이 대응해야 하는 시간을 거치면서 많이 지쳤다. 그때까지만 해도 생태 연못을 만들 생각은 없었는데, 결국 연못을 만든 이유는 온전히 사람 때문이었다. 사람이 아무도 없는 곳에서 연못을 만들어 내가 좋아하는 동물을 키우고 싶다는 생각이 들었다. 이것이 연못 만들기의 첫 시작이었다.

앞서 언급했던 손님 중에 강남 건물 옥상에 연못을 만들어 악어를 키우는 분이 있었다. 강남의 옥상 말고도 여러 연못을 가지고 있었는데, 그분은 연못에서 가장 중요한 것이 물, 즉 생태계 관리라고 항상 강조했다.

연못을 만들면 생각보다 많은 사람들이 조경에만 신경 쓴다. 물에 대한 이해 없이 물을 제대로 관리하지 않고 그저 틀어만 놓으면, 그곳은 생물을 키울 수 없는 반쪽짜리 연못이 된다. 조경은 예쁘지만 이끼가 폭증해 관리가 되지 않는다든지, 이끼를 잡기 위해 락스를 뿌려 물고기가 살 수 없다든지 하는 식이다.

나는 오랫동안 여러 수조를 관리했었기 때문에 여과 원리 등에 대해 어느 정도 파악하고 있었다. 그래서 처음 연못을 만들 때도 큰 수조를 만든다는 생각으로 접근했다. 수조를 관리할 때 작용하는 물의 원리는 연못에서도 적용된다. 물이 많을수록 여과 박테리아가 살 수 있는 표면적이 늘어 이물질이 들어와도 오염도가 떨어지는 것이다.

사실 처음에는 외주를 맡기려고 했었다. 직접 연못을 만들 엄두가 나지 않았다. 서울에서 나고 자란 나는 그때까지 굴삭기니, 25톤 덤프트럭이니 같은 것을 경험하긴커녕 가까이서 본 적도 없었다. 군대도 카투사로 다녀왔다 보니, 더욱 익숙지 않았다. 흙이나 돌을 돈 주고 산다는 것은 연못을 만들면서 처음 알게 되었다.

그런데 한국에는 연못을 만드는 전문가가 거의 없었다. 도움을 받을 곳이 없는 상황. 나는 다시 예전으로 돌아갔다. 외국 사이트들을 직접 번역하며 파충류 공부를 했듯, 연못에 대해서도 외국 자료를 번역하고 찾아보며 공부를 시작했다.

그러곤 본격적으로 연못 만들기에 들어갔다. 공투(굴착기의 크기 분류 단위)에 바가지는 몇 루베(세제곱미터에 해당하는 현장용어)인지까지 업체에 직접 전화를 돌려가며 계산하고 알아보았다. 방수포도 제작해야 했다. 해외에서는 연못 전용 방수포가 따로 나올 만큼 수요가 있지만 한국은 아니었다. 그래서 해외 제품을 참고해 직접 규격을 계산했고 한국 천막 공장에 따로 요청해서 제작했다.

연못을 만들 때 방수포 대신 콘크리트를 쓰는 사람도 있다. 하지만 콘크리트로 연못을 만들면 식물을 심거나 키우는 데 제한이 되고, 결국 수질 관리 등에 어려움이 생긴다. 악어를 키울 때 시멘트 벽돌을 사용한 적이 있었는데, 높아지는 pH로 인해 어떠한 생물도 키울 수가 없었다. 경험을 통해 얻은 직접적인 지식이었다.

 나는 방수포를 쓰기로 했다. 방수포를 쓰면 자갈과 흙에 직접 식물을 심을 수 있다. 자갈과 흙을 넣으면 콘크리트 연못과는 달리 pH가 유지되고 이 흙에 식물을 심을 수 있다. 식물은 자라면서 물고기에서 나오는 질소 화합물을 섭취하고 이는 또 분해되어 사라진다. 이러면 해마다 자연적으로 식물이 자라고 지면서 연못 생태계가 번성한다. 하지만 콘크리트 연못에는 식물을 심을 수 없다. 콘크리트로 이루어진 아파트 외벽에 식물을 심는 사람이 있는가?

 방수포 제작 문의를 위해 여기저기 전화도 많이 했다. 주로 돌아오는 답변은 "왜 이런 것을 찾느냐"였다. 연못을 만든다고 하면 일단 걱정부터 하는 분들이 많았다. 귀농한다고 내려온 사람들이 첫해에 가장 먼저 하는 일이 연못을 파는 것이고, 이때의 연못은 1년 동안 방치되다가 결국 다시 흙으로 덮힌다. 이것이 일반적인 루틴이라고 했다. 하지 말라는 말이었다. 연못을 만들고 유지하는 것이 그만큼 어렵고 힘든 일인 것이다.

### 어쩌다 홍천으로

연못을 만들 곳을 알아보기 위해 여러 군데를 돌아다녔다. 기준은 서울과 가까우면서도 오염되지 않은 땅이었다. 먼저 가평이 서울과 가까워 고려해 보았지만, 땅값이 비쌌다. 또 워낙 개발된 곳이 많다 보니 자연 그 자체를 느낄 수 있는 곳이 없었다. 충남권도 가보았지만 적당한 매물을 찾을 수 없었다.

마침 서울과 차로 한 시간 반 거리인 홍천에 좋은 매물이 나왔다고 하여 보러 갔다. 당시에 그 땅은 조금만 파도 썩은 흙이 나와 악취가 나고 있었다. 되살리려면 장비도 많이 들이고 흙도 다시 일궈야 해서 시간과 비용이 많이 들 것이 뻔했다. 동네 사람들도 이런 버려진 땅을 왜 보고 있느냐고 고개를 갸우뚱거렸다.

그러나 나는 그 땅을 구매하기로 했다. 처음 봤을 당시에

는 가을이라 낙엽이 지고 볼품없는 풍경이었지만, 머릿속에 그림이 그려졌다. 어디에서 무엇을 할지, 나중에는 어떤 모습으로 바뀔지가 눈앞에 보였다.

이 부지의 특징은 단이 나뉘어져 있다는 점이었다. 단이 있으면 장비를 들이기 불편해 단점이라고 생각할 수도 있지만, 나는 이 구조가 좋았다. 마치 3층짜리 건물을 보는 것 같았다고 할까. 밑에서는 무얼 하고, 중간에서는 무얼 하고, 가장 위에서는 무얼 하면 좋을지 눈으로 보인 것이다. 이전 땅 주인이 연못을 만들겠다고 파놓은 구덩이도 있었는데,

보자마자 '여긴 연못 자리다!'라고 생각했다.

홍천에서의 공사 비용은 처음에 예상한 것보다 더 많이 들었다. 나도 이런 공사는 처음이라 몰랐던 부분이 많았다. 서울은 수도꼭지를 틀면 물이 나오고 코드만 꽂으면 전기가 들어온다. 하지만 이곳은 아니었다. 전기를 들이기 위해서는 전봇대가 필요한데, 전봇대 한 대당 몇십만 원이 들었다. 지하수를 파는 것만 하더라도 천만 원이 넘게 들었다.

인터넷도 한참 뒤에 들어왔다. 통신사에 전화해 물어보니 인터넷을 쓰려면 전봇대 12대를 새로 박아야 한다고 했다. 비용이 천이백만 원이 넘게 든다는 말을 듣고는 인터넷은 포기해야겠다고 생각했는데, 구독자분이 도와주셨다. 마침 홍천 지역을 담당하시는 관련 업계 구독자분께서 좀 더 쉬운 방법으로 설치를 도와주신 것이다. 그분의 도움이 아니었다면 지금도 인터넷 없이 생활했을지 모른다.

홍천 땅을 구매하고 첫해 겨울에는 강원도의 겨울을 단단히 경험했다. 워낙 외진 곳이라 제설도 해주지 않았다. 원래는 후륜 차를 타고 다녔는데, 한번 산 중턱에서 미끄러진 이후로 차를 바로 바꿨다. 죽을 뻔했다. 농담이 아니다.

이런 적도 있다. 구독자분이 후원해 주신 난로를 설치하기로 한 날이었는데, 눈이 많이 왔다. 후원사 대표님과 내 차 모두 후륜 자동차라 눈길을 오가지 못하는 상황이 되었고, 결국 그날은 설치하지 못했다. 눈이 좀 녹은 뒤에야 설치할 수 있는데 그다음 해부터는 제설을 잘해주고 있다.

워낙 외지이다 보니, 처음에는 이런저런 비용이 많이 들었다. 하지만 시스템이 갖춰지고 연못이 어느 정도 안정화되면 비용도 많이 줄어든다. 집에서 수조 하나 관리하는 정도의 시간이나 비용이 든다고 보면 된다. 다만 연못은 여기에 육체적인 노동이 들어간다는 점이 다르다.

안정화 기간은 보통 1년 정도인 것 같다. 한 해가 지나며 식물이 자라는 시간을 고려한 것이다. 식물이 자라고 죽는 한 해의 사이클을 잘 보낼 수 있도록 관리해 주면, 다음 해부터는 어느 정도 안정이 된다. 안정화 전까지는 환경이 만들어지는 중요한 시기이기 때문에 공을 많이 들여야 한다.

## 수조 관리에서 연못 관리로

연못의 녹조는 물벼룩으로 관리했다. 수조 관리에 달팽이와 새우를 활용한 것과 비슷한 맥락이다. 이렇게 하면 비용과 체력을 아낄 수 있을 뿐만 아니라 생태계를 건강하게 만들고 유지할 수 있다.

사람들이 처음 연못을 만들고 주로 실수하는 것 중 하나가 처음부터 자기가 좋아하는 생물을 잔뜩 넣는 것이다. 특히 낚시를 좋아하는 분들은 직접 잡은 향어나 메기 같은 큰 물고기를 맨 먼저 넣는다. 이렇게 하면 대체로 실패한다.

연못에는 작은 생물부터 투입해야 한다. 큰 민물고기는 먹는 양이 많고 그만큼 대사 활동을 많이 하기 때문에 수질이 빠르게 오염된다. 그러면 잉여 물질로 인해 녹조는 손쓸 수 없을 정도로 많이 발생한다.

나는 비단잉어도 큰 개체를 넣지 않고 일부러 치어를 넣었다. 유튜브를 생각하면 당연히 크고 예쁜 성체를 넣어야 한다. 어그로를 엄청나게 끌 수 있으니. 그러나 그러지 않았다.

꺽지는 육식성 어종으로 비단잉어를 잡아먹는다. 어류가 너무 많이 번식했을 경우 개체 수를 조절해 주는 역할을 한다. 투입한 것은 나지만 개체들 나름대로 먹이사슬을 조성할 수 있도록 미소 생태계부터 접근했다.

덕분에 연못은 어느 정도 예측한 대로 운영할 수 있었다. 완전 초창기에 올챙이로 인해 녹조가 심했던 것은 예상하지 못했지만, 이것마저도 나를 두근거리게 했다. 물이 얼마나 오염됐을지 혹은 얼마나 좋아졌을지 가 봐야 알 수 있었기 때문에, 서울에서 홍천까지 운전하면서 설렜던 기억이 있다. 마치 좋아하는 방송 프로그램을 기다리는 느낌이었다.

# 4.
# 귀농을 할 생각은 없었다

연못 공사를 시작하고, 식물을 심으면서 홍천에서 해야 할 일이 점점 많아졌다. 처음 홍천을 오갈 당시 비가 정말 많이 왔는데, 내가 홍천에 갈 때마다 비가 온다고 느낄 정도였다. 마땅히 비를 피할 공간이 없어 모텔에서 씻고 자는 등 불편한 점이 많아 클럽하우스를 만들기로 결심했다.

클럽하우스가 만들어지자 불편했던 점은 많이 보완되었지만, 연못에서 보내는 시간이 길어지면서 체력적인 소모는 여전했다. 홍천에 있다가도 급히 서울에 가게 되는 일이 잦았기 때문이다.

나는 세 가지 취미가 있다. 하나는 동물을 키우는 것, 하나는 음악 듣는 것, 마지막은 운동을 하는 것이다. 특히 운동은 재수할 때부터 8년 동안 하루도 빠짐없이 해왔다. 운동을 열심히 한 덕에 지금 홍천에서 혼자 연못과 동물들을 관리할 수 있는 것 같기도 하다.

그런데 유튜브를 시작하고 나서는 포기하게 됐다. 몇 안 되는 취미가 사라지니 살이 붙고 스트레스가 해소되지 않았다.

매장에는 하루에 몇백 명의 손님이 방문하고 수많은 주문이 들어왔다. 그러다 보니 매니저 혼자 감당할 수 없는 문제가 끊임없이 발생했다. 매장에 전기가 나가거나, 수도가 터지거나, 비가 많이 와서 홍수가 나는 등의 돌발상황도 곁들여서. 이럴 때는 홍천에서 잠을 자다가도 서울로 바로 올라갔다. 갑작스러운 문제로 왕복 세 시간이 넘는 거리를 달려간 적은 손에 꼽을 수 없을 정도로 많다.

두세 시간이 걸려 홍천에 와서 촬영을 하고, 잠을 자다가 새벽에 매장에 문제가 터졌다는 소식에 급하게 돌아간다. 문제를 해결한다. 며칠 후 똑같은 패턴이 이어진다. 다시 서울, 다시 홍천…. 이런 일련의 사건들은 반복됐다. 그러면서 점점 생각했던 것 이상으로 지치기 시작했다. 이걸 왜 하고 있나….

몸이 지쳐가고 있었다. 이렇게 가다간 죽도 밥도 안 될 것 같았다.

유튜브는 일반적인 영상 회사와는 다르게 채널의 주인이 차지하는 비중이 굉장히 높다. 내가 빠질 수는 없는 구조다. 프로덕션 같은 구조를 만들어 보려고도 했지만, 다른 사람에게 생물에 관한 지식은 물론이고 내가 해 오던 영상의 촬영 구도 등을 하나하나 가르쳐야 하니 현실적으로 불가능했다.

그렇다고 해도 귀농할 생각은 없었다. 유튜브가 아무리 잘 되고 있어도 매장 매출이 훨씬 압도하고 있었기 때문이다. 애초에 귀농할 생각이었다면 여름에 50°C까지 올라가고, 겨울에는 수도가 얼어버리는 지금의 클럽하우스와는 다르게 만들었을 것이다.

그런데 어떻게 귀농을 결심했는지 궁금해하는 사람들이 많다. 나는 열여덟 살에 창업을 하고 서른한 살까지 동년배의 그 누구보다 바쁘게 살았다고 자부한다. 바쁘게 산 것이 사람들이 말하는 성공이나 성취와는 동떨어진 개념일 수 있으나, 정말 바빴다. 하루에 4시간씩 끊어 자며 일을 해왔고, 그 사이 너드(Nerd)들이 키운다는 인식이 강했던 파충류는 대중문화의 일부로 자리 잡았다. 나는 이 변화 속에서 적지 않은 영향력을 행사했다고 생각한다.

 다만, 더 이상 할 수 있는 것이 없다고 느꼈다. 내가 아무리 깨끗한 척을 하며 살아온들 남들은 그렇지 않았고, 받아들이는 사람들 역시 그렇지 않았다. 초·중·고등학생들을 포함한 많은 사람들이 파충류를 키웠다. 그런데 그 파충류(동물)를 분양하는 사람들의 인식의 변화는 없었다. 생물보다는 자본의 논리, 일 년 뒤를 보기 보다는 내일이 급한 사람들이 대부분이었다. 여기서 내가 더 할 수 있는 것은 없었다.
 중·고등학생들과 직업 군인들은 돈을 벌기 위해 크레스티드 게코를 키웠고, 좁은 반찬통을 얼마나 많이 쌓았느냐가 그들의 자부심이었다. 형질 변형에 대한 이해가 되기 전에 새로운 형질을 만들어 내다 팔기에 바빴으며, 그로 인한 생물 경시는 옵션이었다. '내가 뭘 만들어왔던가' 회의가 느껴졌다. '이쯤 했으면 됐다'라는 생각이 들었다.

## 코로나19는 파충류 산업에도 영향을 끼쳤다

코로나19가 발생하자 동물 방역이나 해외 동물 수입에 대해서도 법적 규제가 들어오기 시작했다. 실제로 뉴스 기사도 많이 나왔다. 지금까지 이어지고 있는 규제들 중 상당수가 이때 시작되었다고 보면 된다.

그동안 야생동물을 수입할 때 통관 단계에서 파충류는 검역 대상이 아니었다. 야생동물에 대해서는 포유류나 조류 등 가축전염병 중심으로 검역을 시행했다. 그러나 코로나 이후부터 양서류, 파충류에 대해서도 검역을 실시하기 시작했다. 이런 규제가 파충류 산업 전체에 타격을 주었다. 사실 파충류는 살모넬라균의 특이한 경우를 제외하면 인수공통감염병 위험이 없기 때문에 검역이 필요하지 않다.

줄스샵 개인으로 놓고 보면 매출은 매년 증가하고 있었고 유튜브도 운이 좋게 잘 됐던 상황이었다. 그러나 정부

기조와 여론을 지켜보니 심상치 않다는 생각이 들었다. 특히 파충류에 대한 여론이 좋지 않았다. 코로나의 원인으로 박쥐, 천산갑, 뱀 등 파충류 개체들이 지목되었다. 이때부터 정리를 해야 할 수도 있다고 생각했다. 조금씩 준비를 시작했다.

### 무단 침입은 범죄입니다

여느 때처럼 서울과 홍천을 오가던 어느 날이었다. 고속버스를 타고 다른 지역으로 이동하고 있던 때, 갑자기 홍천에 설치해 둔 CCTV 알람이 울리기 시작했다. 확인해 보니 모르는 사람들이 연못에 들어오고 있었다. CCTV의 기능을 사용해 경보를 울리고 나가라고 했다. 경보를 듣고 조금 놀라는 것 같았으나, 나가지 않고 계속 머물렀다. 급기야 불을 피우고 고기를 구워 먹기 시작했다. 112에 신고했다. 끝내 경찰이 출동하고 나서야 그들은 물러갔다. 하지만 이미 모든 걸 다 즐긴 후였다.

이런 경우가 한 번만 있었던 것이 아니다. 연못을 만든 이후로 여기저기에 불 피웠던 흔적들은 계속 보였다. 당시에 그라스 갈대라는 식물을 잔뜩 쌓아두었는데, 그라스는 마르면 건초가 된다. 여기에 불이 옮겨붙으면 큰 화재로 이어질 수 있는 상황이었기에 더욱 민감할 수밖에 없었다.

연못에 물고기를 풀어놓고 가는 사람도 있었다. 나는 가끔 고프로를 사용해 수중 촬영을 한다. 그러다 보니 연못에 어떤 물고기가 있는지 알 수 있다. 살펴보면 내가 넣지 않은 생물들이 보인다.

물고기 중에는 보호종이 있다. 만약 연못에 보호종이 잘못 들어가면 연못물을 전부 빼고 개체를 꺼내야 한다. 처음부터 다시 연못을 만들어야 하는 상황이 발생하는 것이다. 그래서 나는 물고기를 넣을 때 보호종은 절대 넣지 않는다. 모르는 개체는 지인들에게 자문을 구해 확인을 받고 넣는다. 그런데 가끔 내가 넣은 적 없는 물고기가 나왔다. 대체 어떤 사람들이 이곳에 와서 주인 허락도 없이 물고기를 넣고 가는지 이해하기 어려웠다.

## 동물의 무단 침입은 예상하지 못했다

연못에도 CCTV를 달아 원격으로 연못 상황을 지켜보곤 했다. 그날도 CCTV를 보고 있는데 파란색의 어떤 물체가 화면에 잡혔다. 설마 물총새인가 싶었다. 실제로 본 적이 없어서 긴가민가했지만, 보호종 개체인 것 같아 자료를 찾아보니, 이 파란색 물체는 물총새가 맞았다.

물총새는 우리나라의 대표적인 여름 철새이다. 2010년 이후로 지구온난화 때문에 점점 텃새화되는 개체도 있다고 한다. 매우 아름다운 푸른빛 깃털을 가지고 있는데, 너무 많이 잡은 탓에 지금은 대부분이 사라졌고, 서울시 보호종으로 지정되어 있다.

물총새가 사냥하거나 연못 근처에서 활동하는 것은 흔히 볼 수 없는 장면이라고 하는데, 나는 물고기를 잡아먹는 모습까지 볼 수 있었다. 그렇게 귀한 장면을 내가 만든 연못에서 보게 되어 정말 신기했다. 이때는 새 사진을 찍는 분들에게 물총새를 촬영하고 싶다고 연락도 많이 받았다. 물총새는 지금도 여름마다 가끔 날아온다. 일을 하다가 고개를 들어보면 호반새와 물총새가 머리 위를 날고 있다.

천연기념물인 원앙을 연못에서 본 적도 있다. 원앙은 나무 높은 곳에 둥지를 짓고 알을 낳는데, 새끼를 키우는 방식이 조금 특이하다. 높은 데다 알을 낳아놨다가 새끼가 부화하면 나무 위에서 바로 뛰어내리고는 연못 근처에서 활동한다.

연못 옆에 큰 나무를 심어두면 원앙이 둥지를 짓지 않을까 하는 생각이 들었다. 조경 관점에서도 큰 나무가 있으면 그늘도 만들어 주고 운치도 더해지니 좋겠다고 생각했다. 그런데 큰 나무를 심기도 전에 원앙이 찾아왔다. 둥지는 짓지 않았지만 이것 역시 귀한 경험이었다. 자연에서 보면 결코 크지 않은 20평짜리 연못을 만들었는데, 한국에서는 멸종위기종으로 분류된 새들이 찾아오는 것이다.

수리부엉이도 연못의 수국밭에서 개구리를 잡아먹고 간 적이 있다. 수리부엉이는 부엉이 중 가장 큰 개체로 멸종위기종으로 지정된 천연기념물이다.

새들만 찾아오는 것은 아니다. 너구리나 오소리 같은 동물들도 있다. 이 개체들은 밤에 활동한다. 무엇을 하고 있는지 보면 바닥에서 뛰어다니는 귀뚜라미를 잡아먹고 있다.

아침에 연못에 나가면 오소리가 파놓은 땅굴이 보이기도 한다.

노루나 고라니는 물을 마시러 찾아온다. 작물을 심어둔 것도 아닌데 여기까지 와서 물을 마시는 모습을 보면 정말 뿌듯하다. 이 외에도 고양이, 쥐, 박새, 딱새 등 영상으로 만들기 애매해서 소개하지는 않았던 동물들이 정말 많다. 연못을 만든 후에 귀한 야생동물을 많이 보게 되었다.

## 침입을 막으려고 한 것인데

홍천에서는 마음대로 들어와 고기를 구워 먹는 사람, 연못에 물고기를 방사하고 가는 사람 말고도 외부인으로 인한 사건이 비일비재하게 일어났다. 이대로는 안 되겠다 싶었다.

외부인 침입을 조금이라도 막으려고 생울타리용 식물 울타리를 주문했다. 배송받기로 한 날은 잔디를 심는 날이기도 해서 현장에 사람들이 많았다. 한참 일을 하다가 문득 연못을 살펴보니 설치해 둔 CCTV 하나가 보이지 않았다. 같이 있던 사람들에게 물어도 본 사람이 없었다. 잔디를 심으러 와주신 분들과 몇 시간 동안 찾으러 다니기도 했지만 보이지 않았다.

도난이 확실해져 바로 경찰에 신고했다. 혹시나 하는 마음에 CCTV 기록을 찾아보니, 훔쳐 간 사람의 모습이 그대로 저장되어 있었다. 바로 울타리 나무를 배달한 기사였다. 외부인을 막고자 주문한 울타리 때문에 도둑질을 당하게 되니 정말 황당했다.

외부인은 지금도 많이 찾아온다. 그렇게 대형 유튜버도 아니고, 위치를 공개한 적도 없는데도 찾아오는 것을 보면 신기하기도 하다.

그런데 지금은 내가 생각한 가물치 연못의 모습이 아니기 때문에 오지 않으셨으면 한다. 나중에 이상향을 구현한 뒤라면 제발 와달라고 빌 수도 있다.

# 5.
# 식물을 알아가다

    2019년 5월에 시작한 연못 공사는 1개월 만에 끝났다. 연못을 완성한 후에는 생물을 키울 수 있는 환경을 만들어야 했다. 환경 조성에서 가장 기본이 되는 것은 식물이다. 나는 최대한 다양한 식물을 넓은 공간에 심고자 노력했다.

    무턱대고 심기보다 일단 계획을 세웠다. 가물치 연못은 부지 자체가 워낙 크고 정돈되어 있지 않아 더욱 꼼꼼하게 계획을 세울 필요가 있었다. 나무는 초본류(지상부에 목본 줄기를 가지고 있지 않은 식물. 대체로 키가 작은 나무)까지 계획하고, 초본을 심을 때에는 목본류(자신의 구조를 지탱하기 위하여 목재를 생산하는 식물. 참나무, 단풍나무 등)까지 계획했다.

도시에 사는 사람들이 주로 보는 조경은 건물의 외부나 실내에 있는 것들이다. 식물에 대한 견문이 짧아 잘 아는 것은 아니지만, 이런 식물들은 빠르면 매달, 느리면 매년 교체한다. 나는 이게 싫었다. 홍천에서는 사계절을 버티고 다음 해까지 성장할 수 있는 식물을 고르고 골랐다. 그래야 올해 찾아왔던 동물들이 내년에도 오고 그 후년에도 올 수 있다.

지속 가능한 생태계를 가물치 연못에 만들고 싶었다. 모든 식물에는 그 식물의 생태에 맞춰 서식하는 동물들이 있다. 그래서 최대한 다양한 식물을 식재하는 것이 미관상이나 생태적으로나 좋다고 봤다. 실제로 딱새는 매년 연못 부지의 말채나무에 산란을 하고 있고, 이걸 본 뻐꾸기까지 탁란을 했다.

식물 식재를 계획할 때는 부지의 특징을 잘 파악해야 한다. 나도 지형에 대해 꼼꼼히 공부했다. 가물치 연못은 산꼭대기에 있어 햇빛을 오롯이 다 받는다. 이로 인해 초반에는 연못에 녹조가 많이 생겼다. 어떻게 하면 보완할 수 있을까 고민하다가 느티나무를 선택했다. 큰 나무가 있으면 햇빛을 조금이라도 가릴 수 있을 것 같았다. 높이가 10m가 넘었고 뿌리만 해도 성인 남성 키를 훌쩍 넘었다. 무게도 15톤에 달하는 대형 나무여서 심는 데 애를 먹었다.

지금 이 나무는 가물치 연못에서 중요한 역할을 하고 있다. 커다란 그늘을 만들어 주어 내가 쉴 수 있는 공간이 생긴 것은 물론이고, 해마다 벌이 찾아와 벌집을 짓기도 한다. 본래는 연못에 원앙이 찾아오게 만들기 위해, 또 높은 곳에 둥지를 틀고 새끼를 기르는 녀석들을 위해 심은 것이기도 하지만.


## 식물도 살아있는 생명이다

처음 식물을 구매할 때는, 서른 곳이 넘는 식물 판매사에 일일이 전화를 해서 물어봤다. 식물은 잘 모르던 분야라 필드에서 오래 뛴 사람들의 도움이 필요했기에, 최대한 다양한 곳에 문의를 한 것이다. 파충류와 달리 관련 학과도 따로 개설되어 있으니 전문 지식을 가진 사람이 많을 거로 생각했다.

그런데 막상 연락해 보니 같은 식물을 문의했는데도 판매자마다 말이 달랐다. 식생이나 환경에 대해서도 예상보다 많이 알지 못했다. 식물 판매를 하면서도 직접 키워보지 않았기 때문에 특성에 대해 잘 모르고 있다는 것을 느낄 수 있었다.

한 예로 은사초를 심었을 때다. 은사초는 우리나라에서 쉽게 볼 수 있는 식물로, 인기가 많은 편이다. 사계절 내내 푸른 녹색 잎을 보여주기에 정원의 싱그러움을 더해주고, 햇빛을 받으면 줄기에 은빛이 돌아서 신비로운 느낌을 준다. 키우기 쉽다는 말에 나도 수백 촉을 구매해 심었다. 비용으로 따지면 웬만한 직장인 월급에 해당하는 금액이었다.

그런데 여름이 되자 심기만 해도 잘 자란다던 풀이 모두 녹아버렸다. 토질이 맞지 않았고 비가 많이 오면서 더운 홍천의 특성으로 인해 뿌리까지 모두 쪄 죽었다.

내가 판매자였다면 먼저 땅을 바꾸라고 조언하고, 은사초 식재는 말렸을 거다. 이런 일이 셀 수 없이 많았다.

식물 또한 생물이다. 생명이 어떻고 저떻고를 떠나, 살아

있는 생물이기 때문에 판매자의 윤리 의식은 굉장히 중요하다고 본다. 이 글을 쓰고 있는 2023년부터, 나는 지역 주민들의 농사 수확물의 판매를 도와주고 있다. 이때 나는 농부나 판매자의 식물에 대한 이해도를 가장 주의 깊게 본다. 관심이 없는 사람들은 짧게 얘기만 해봐도 안다. 그럴 경우, 상품은 좋을 수가 없다.

이때의 경험으로 식물을 수백 촉씩 심어서는 안 된다는 것도 알게 되었다. 이제는 처음 심어보는 식물은 일단 조금만 심는다. 그리고 사계절을 모두 보낸 후에 여러 그루를 식재한다. 그래야 토질에 맞는 식물을 제대로 파악할 수 있다.
이렇게 해도 식물 키우기는 어렵다. 여전히 일이 끝나면 밤마다 식물에 대한 자료를 찾아보고 있다. 식물은 워낙 범위가 넓고 종류가 많아서 공부에 끝이 없다. 그래서인지 그만큼 매력적이기도 하다.


## 내가 꽃 사진을 찍을 줄이야
초반에 가물치 연못에 심었던 식물들은 여자친구가 좋

아하는 것들이다. 나는 꽃에 관심이 없었다. 꽃 축제는 사람이 꽃보다 더 많은데 뭐 하러 거기까지 가서 꽃을 보는지 이해가 되지 않았다. 여자친구가 하도 수국 축제에 가자고 하기에 '수국밭을 만들면 가자고 하지 않겠지?' 싶어 수국을 가득 심었다.

강원도에 마크로필라 종(원예 수국)으로 정원을 만든 곳이 단 한 군데도 없다고 하길래 오기로 도전한 것도 있다. '하면 되지, 사람이 하는데 못할 게 있나?' 하는 생각이었다. 그런데 없는 데에는 다 이유가 있다.

물론 내 경험과 스킬이 부족한 부분이 있지만, 당년지 가지에서 꽃이 나오는 신품종 원예 수국도 사람들이 만족할 만한 양의 꽃을 보기는 힘들다. 겨우내 전년도의 가지가 모두 죽어버리기 때문이다. 거제도에 촬영을 갔을 때 한껏 핀 수국을 보았었고 그 모습을 기대하고 식재한 건데, 여태까지 활짝 핀 광경을 보지 못하고 있다.

그러나 매년 수국의 뿌리가 튼튼해지는 것을 느끼고 있기에 희망을 거두지는 않고 있다. 매년 겨울 각기 다른 방식으로 수국의 가지를 살리는 방법을 연구하고 있다. 언젠

가는 성공하겠지.

　식물에 대한 이해와 관심이 커지면서, 내가 좋아하는 배롱나무나 자작나무, 호스타 등을 심기 시작했다. 그리곤 가끔 친구들에게 식물이나 꽃 사진을 보낸다. 친구들은 젊은 사람이 꽃을 좋아하면 또라이라고 놀리는데 개의치 않는다. 개들도 나이 먹으면 좋아할 거다.

## 도를 닦는 길, 연못 관리와 야외 정원

연못 부지를 처음 봤을 때부터 머릿속에 그렸던 모습이 있다. 가능한 그 모습대로 연못을 만들고 싶어, 경사가 심한 비탈길에서 공사를 하기도 했다. 지금도 크고 작은 공사는 계속하고 있다. 그러다 보니 처음 시작할 때 예상했던 것보다 비용이 훨씬 많이 들어갔다. 과거로 돌아간다면 말리고 싶다.

사람들은 유튜브로 굉장한 돈을 버는 줄 아는데, 공사로 인해 여태 들어간 비용은 매출과는 비교도 안 될 정도다. 고등학교 때 첫 번째 수입에 실패한 이후 이렇게 돈 걱정을 해본 적이 없다. 하지만 이미 시작한 일이기에 후회하지 않는다. 물론 다시 돌아갔어도 나는 공사를 했을 것이다. 할까 말까 하는 일은, 일단 하는 것이 후회하지 않는 거니까.

야외에서 식물을 키우는 것은 도 닦는 것과 비슷하다고 생각한다. 마음을 비워야 한다. 처음 식물을 키우기 시작할 때 '내가 동물을 몇 년을 키웠는데⋯'라는 생각으로 나무 한 그루도 잃지 않으려고 부단히 노력했다.

식물도 정이 들어 조금이라도 잘못되면 동물만큼이나

엄청나게 신경이 쓰였다. 아니, 신경 쓰는 정도를 넘어서 스트레스 때문에 아무것도 못 할 정도였다. 오죽했으면 나무가 죽는 꿈을 꿀 정도였으니, 직장인이 직장에 받는 스트레스와 비슷하지 않을까?

매일 CCTV로 식물들을 살펴보고 손톱으로 가지를 뜯어보고…. 누가 뭘 하든 무던하고 반응을 잘하지 않는 내가 이 정도로 고민했다는 건 정말 엄청나게 많이 신경을 썼다는 것이다.

월동이 된다던 엔들레스 썸머시리즈의 가지가 모두 죽고 난 후, 뿌리에서 싹이 나오는 것을 보고는 많은 공부를 했고 대비도 했다. 매일 쇠뜨기와 민들레, 쑥과 계란꽃을 몇 시간씩 뽑고 비료를 주고 퇴비를 뿌렸다.

햇수로 2년 차 겨울에는 왕겨를 나무마다 20cm 이상씩 올려 두었다. 200주가 넘는 수국 전부에. 정말 허리 펼 시간 없이 식물 옆에서 일했다. 이후 봄이 되자 새 잎이 노랗게 나오길래 어떻게든 증상을 회복시켜 주려 했다. 여기저기 자문을 구하고 해외 자료들을 전부 뒤져서 철 비료를 주기도 했었다.

그런데 2023년부터는 식물이 자라기 위한 최소한의 들풀만 뽑고 나머지는 동물들을 위한 먹이용으로 두고 있다. 마음을 비우고 천천히 시간의 흐름과 자연의 변화를 따라가기로 했다. 강원도에서 볼 수 없던 수국을 내가 만든 연못 정원에서 볼 수 있다는 것에 만족하면서.

그래서 도를 닦는 것과 비슷하다는 말을 하는 것이다. 풀을 뽑고 퇴비를 뿌리고 하는 과정은 육체적으로 힘들다. 그러나 역설적으로 아무런 생각도 들지 않아 평정심이 유지된다. 다만 결과물이 내가 생각했던 것과 다를 때면 마음이 무너지고 정신적으로 힘이 든다. 그래도 마음을 다잡고 다시 시작한다.

비가 오면 연못은 물이 깨지고 혼탁해진다. 빗물의 유입으로 수질이 달라지면서 미생물들이 죽거나 어느 한쪽이 우점을 차지하기 때문이다. 그래서 연못을 관리하는 입장에서는 비가 오지 않았으면 했다.

반대로 식물을 키우는 입장에서는 비가 반갑다. '봄비가 내려 백곡을 기름지게 한다'라는 옛말이 있을 정도로 비는 좋은 거름이 된다. 번개가 공중의 질소를 물속에 가두면서

내리는 비는 질소질이 함유된 천연 비료라는 것을, 선조들은 이미 알았던 것일까? 이는 불과 몇 년 전에 과학적으로 검증된 사실이다. 식물을 키우는 입장에서는 천둥 번개가 치고 비가 내리길 바라지만, 연못을 관리하는 입장에서는 비가 오지 않기를 기도하는 아이러니다.

그렇다고 연못을 운영하고 식물을 키우는 것이 힘들기만 한 것은 아니다. 연못에 고프로를 넣어 촬영한 것을 컴퓨터로 확인할 때마다 놀라움과 경이로움을 느낀다. 동물을 키울 때와 마찬가지로 식물도 새순이 날 때마다 기쁘고 꽃이 필 때마다 감격스럽다. 지옥 같은 겨울을 두 번 겪어 보니 그 느낌은 사뭇 다르다.

## 스스로 상생하는 동물과 식물

산꼭대기에 자리한 가물치 연못에는 야생동물들이 많이 찾아온다. 너구리, 오소리, 노루, 쥐, 물총새, 원앙, 다양한 조류 등 종류도 다양하다. 그중 고라니는 단골손님이다. CCTV를 설치해 매일 동향을 살펴볼 정도로 정성을 다해 키운 수국을 고라니가 열심히 뜯어 먹고 가기도 했다.

야생동물이 찾아오는 것을 막을 수는 없다. 막는다고 막아지는 것도 아니다. (물론 내 앞에서 먹으려고 하면 막는다) 야외에서 식물을 키우면 어쩔 수 없이 벌어지는 일이다. 이런 상황을 받아들이고 나니 동물이 뜯어 먹어 잎이 손상되면 오히려 뿌리가 발달하는 것을 볼 수 있었다. 덕분에 후년에 더 많은 잎이 피거나 크게 나올 수도 있다.

그것보다 연못의 식물을 먹고 동물들이 잘못될까 걱정했다. 나귀와 양을 데려올 때, 심어둔 식물에 독성이 있는지 전부 확인했다. 독이 없더라도 이 식물이 양과 나귀에게 해롭지는 않은지 철저하게 조사했다. 학명으로 검색해서 나오지 않는 식물은 논문을 찾아보기도 했다. 나귀 자료가 많이 없어, 말에 관한 자료를 많이 참고했다.

자료조사 후에도 내가 놓친 부분이 있어 동물에게 피해를 줄까 걱정이 돼 입양 자체를 고민하기도 했다. 그런데 막상 동물을 데려오니 수국, 은방울꽃, 작약 등과 같이 먹으면 안 되는 식물은 알아서 먹지 않았다. 수천 건의 자료를 읽고 이 과정만 석 달이 넘게 걸렸는데, 허탈했다.

chapter

1. 가물치 연못의 생물들
2. 공사를 또
3. 오리 연못을 만들기로 했다

# 1.
# 가물치 연못의 생물들

우리나라 하천은 크게 네 개의 수계로 분류한다. 한강 수계, 낙동강 수계, 금강 수계, 영산강 수계이다. 환경부가 상수원 수질 보전을 위해 구역을 나눈 것인데, 같은 종의 물고기라도 수계별로 형태가 조금씩 다르다. 같은 참중고기도 강원도에 사는 개체와 전주에서 사는 개체의 발색이 다른 식이다.

한강 수계인 홍천에서 잡힌 물고기의 모습을 소개하고 싶어 하천으로 나가 낚시를 했다. 어포기 설치라든가 통발 설치, 겨울 낚시 등은 유튜브를 시작하고 처음 해본 것들이다.

움직이는 것을 싫어해 이전에는 한 번도 탐어를 가본 적이 없다. 멀쩡한 물고기를 잡아 뭐하나 하는 생각에 낚시도 별로 좋아하지 않았다. 콘텐츠의 중요한 부분이지만 웃기게도 연못을 가꾸고 물고기를 키운 지 3년이 지난 지금도 여전히 낚시와 탐어는 좋아하지 않는다.

연못 속 물고기는 직접 넣은 개체들이라 쉽게 구별해 낼 수 있는데, 탐어를 할 때는 그렇지 않다. 주위 사람들의 도움을 많이 받는다. 동정(새로 만든 생물의 표본이나 어떤 생물을, 각종 도감이나 검색표 등에 의하여 비교 검토하여 이미 밝혀진 분류군 중에서의 그 위치를 결정하는 일을 말한다)은 틀리는 경우가 많아서 여러 번 체크해야 한다.

중학교 때 곤충을 키우면서 알게 된 사람들과 지금까지 인연을 맺고 있는데, 탐어를 함께 다니고 있다. 이 중에는 곤충, 민물고기, 해수어 등 여러 방면에서 전문가라는 이야기를 들을 사람도 많다.

## 가물치 있는 가물치 연못

이름에서 느껴지듯, 가물치 연못은 가물치가 사는 연못이다. 자주 모습을 감춰 '가물치 없는 가물치 연못'이라는 오명을 입기도 했지만, 가물치는 연못에서 잘 지내고 있다. 잊을만하면 한 번씩 나타나서 호흡하고 다시 내려간다. 플래티넘 가물치까지 두 마리를 넣었는데, 플래티넘은 영역 다툼에서 밀린 것인지 넣은 이후로 한 번도 보지 못했다.

연못 속 다른 물고기들도 밖에서는 확인하기 어렵다. 가물치 연못은 물의 양이 100톤인 것에 비해 수표면은 20평밖에 되질 않는다. 2D와 3D의 차이다. 그래서 직접 물속에 들어가서 확인해 보지 않는 이상, 안에 뭐가 있는지 알 수가 없다. 돌 틈이나 수초 사이에 숨는 예민한 녀석들은 더 보기 어렵다.

영상을 올릴 때마다 가장 많이 달리는 댓글은 '전보다 물고기가 많이 줄었어요.'이다. 하지만 눈에 보이지 않을 뿐, 물고기들은 연못 어딘가에서 살아가고 있고 그 개체들이 번식한 후손들도 헤엄치고 있다.

연못 물고기 중에 구슬사바라는 개체가 있다. 금붕어의 개량종으로 마리당 15만 원씩 하는 고가 어종이라서 긴 고민 끝에 한 쌍을 데려왔다. 일반적으로 야외 연못에는 고가의 물고기를 넣지 않는다. 널린 게 천적이기 때문이다. 하지만 나는 홍비, 백산이라는 이름까지 붙여주고 참 예뻐했다.

어느 날 한 마리가 보이지 않았다. 원래 물고기가 안 보이는 경우는 많아서 그러려니 했지만, 시간이 흘러도 보이지 않았다. 그 후 연못에서 못 보던 물고기가 나왔다. 손가락만 한 크기였는데, 오랫동안 자취를 감추었던 구슬사바 홍비, 백산의 새끼였다. 2024년에는 이 새끼가 비단잉어와 교잡을 해 3대 새끼가 발견되기도 했다. 아이러니하게도 홍비, 백산의 2대 새끼는 사라졌고(아마 수달의 공격으로 추정된다) 3대 새끼가 발견되었다. 다만, 금붕어와 비단잉어의 교잡인 3대 새끼는 생식 능력이 없다.

금붕어의 번식은 책에서 보기만 했던 것이었다. 『열대어 대백과』 같은 책에도 '수초나 인공 수초를 이용해 환경을 만들어준다'라고만 적혀있고, 실제 마니아들 사이에서도 야외 번식이 된 경우가 많지 않았다고 알려져 있다. 자

연 연못에서도 보기 어려운 것이 내가 만든 연못에서 일어나니, 기분이 싱숭생숭했다. 이럴 때마다 말로 하기 어려운 짜릿함이 있다. 정말 기분이 좋다. 정말.

### 왜가리가 나타났다

식물을 키울 때와 마찬가지로 연못을 운영할 때도 마음을 비우는 과정이 필요했다. 아무리 애지중지 키우고 아껴도, 물총새가 와서 물고기를 잡아먹고 가거나 내가 못 본 사이에 뜯어먹힌 물고기들이 나온다. 이건 어쩔 수 없는 일이었다. 그저 조금만 먹고 가길 바랄 뿐.

이런 환경에 익숙해지던 나도 크게 놀랐던 일이 있다. 당시에는 인터넷이 연결되어 있지 않아 저화질의 유심칩으로 작동하는 CCTV를 설치해 두었다. 서울에서 일을 하고 있는데 알람이 울려서 보다가 기겁했다. 화면 속에 웬 공룡 같은 것이 있었다. 화면을 켜자마자 다리만 보였는데, 자세히 보니 왜가리였다. 왜가리 다리를 본 것이 태어나서 처음이라 더 놀랐다.

왜가리는 고고하게 생긴 외모로 인기가 많은 새다. 날렵한 외모와 다르게 왕성한 식욕을 가지고 있어 우리나라 하천의 최상위 포식자로 군림하고 있다. 잉어나 메기 같은 대형 물고기는 물론이고 포유류나 파충류까지 안 먹는 게 없다.

서울에서 보고 있던 내가 할 수 있는 건 없었다. 그저 관찰할 뿐. 그런데 갑자기 왜가리가 비단잉어를 한입에 꿀꺽 삼키는 것이었다. 순식간이었다. 나도 놀라서 보던 그 장면을 운 좋게 촬영할 수 있었다. 유튜브에서 뜨거운 관심을 받은 영상이다. 홍천에 있던 어느 날은 사냥하는 장면을 직접 눈앞에서 본 적도 있다. 그때는 달려나가 내쫓았는데 크기가 정말 컸다.

이대로라면 또 찾아올 것이 뻔했다. 방법을 찾아야 했다. 왜가리를 내쫓는 방법에는 여러 가지가 있다. 이동할 수 없게 줄을 쳐 놓거나, 알람을 울려서 놀라게 하거나, 허수아비를 달아두는 등.

하지만 줄을 쳐 놓으면 물을 마시러 오는 다른 동물들을 방해할 수 있었다. 알람이나 허수아비도 마찬가지. 더 큰 문제는 왜가리가 이런 방해물에 적응한다면, 더는 통하지 않는다는 것이다. 무엇보다 너무 폭력적인 방법이다. 왜가리도 먹고 살자고 찾아오는 것인데 이렇게까지 하고 싶지는 않았다.

그럼 다시 원점이다. 근본적인 해결책을 찾기 위해 개체의 특징에 집중해 보기로 했다. 왜가리는 단독 생활을 하고, 자신의 영역을 지키기 위해서라면 사냥도 멈춘 채 침입자를 응징한다. 그래서 다른 개체가 있으면 해당 구역에는 잘 들어오지 않는다.

이를 이용해야겠다고 생각했다. 왜가리 모형을 준비했다. 이 모형을 보고 이미 다른 왜가리가 가물치 연못을 차지했다고 생각하도록 한 것이다. 모형의 효과는 좋았다. 다시 오지 않았다.

# 2.
# 공사를 또

### 도롱뇽 계곡 만들기

연못에서 나오는 물을 그냥 숨겨두기에는 아쉬웠다. 어떻게 할지 고민하다가 가물치 계곡 부지의 단을 활용해 보기로 했다. 이 부지는 계단식 밭을 운영하던 단이 4개로 나뉘어 있다. 한쪽에 물이 떨어지는 곳이 있다면 연못에서 나오는 물을 활용할 수 있고, 만약 물고기들이 탈출했을 경우 다른 곳으로 나가지 못하도록 할 수도 있을 것 같았다.

개구리와 도롱뇽을 위한 공간을 만들어 주고 싶기도 했다. 초창기에 개구리나 도롱뇽은 물이 고여있는 곳마다 아무렇게나 알을 낳았다. 이렇게 방치된 알은 말라버려 부화하지 못한다. 말라가는 알을 발견하고 급히 연못에 옮겨 놓은 적이 종종 있었다.

계곡을 만드는 것은 연못 만들기와 비슷하다. 땅을 파고, 방수포와 돌을 깔아주는 등의 과정을 거친다. 도롱뇽 계곡은 경사진 곳에서 진행한 공사라 쉽지는 않았지만 큰 어려움 없이 마칠 수 있었다.

다만, 계곡은 연못물이 흘러 내려오는 구조라 여과에 더 신경 써서 설계했다. 어릴 때 학교에서 한 번쯤 자갈과 모래로 흙탕물을 정화하는 실험을 해봤을 것이다. 이와 같은 원리로 계곡을 설계했다. 오염된 연못물이 그대로 계곡에 흘러가지 않도록 자갈과 모래를 활용하여 한 번 더 여과해, 맑은 물만 자연으로 흘러갈 수 있도록 한 것이다. 이 과정을 통해 비단잉어나 금붕어 같은 개량종은 야생으로 방출되지 않는다.

## 집을 짓고 또 짓고

클럽하우스는 완공까지 잡음이 많았다. 시공 일정이 2주 정도 걸리는 간단한 작업이라고 했는데, 실제로는 두 달이 훨씬 넘게 걸렸다. 공사 진행 과정을 믿고 맡길 수가 없어 매일 영상을 찍으러 서울에서 홍천까지 왕복했다. 내가 상황이 안 되면 직원이 대신 나와 촬영했다. 나중에는 영상 촬영도 포기했기에 얼마나 걸렸는지 기억도 나지 않는다.

완공된 이후에도 문제가 너무 많았다. 보수를 요청하고 기다리기는 과정이 반복됐다. 그러다 보니 정신적 소모가 엄청났다. 집을 지으면 10년은 늙는다는 말을 실감했다.
나는 말이 많은 사람은 믿지 않는다. 이에 대한 믿음이 확고해졌던 시기가 이때이다. 내가 원래 말이 많지 않은 부분도 있고, 말이 많은 사람들은 말은 그럴싸하게 해도 결과물은 좋지 않은 경우를 많이 봤다. 피곤하다.

나무 위에 집을 짓는 것은 관심도 없었다. 차는 굴러가면 되는 것이고 집은 몸을 뉠 수 있으면 된다고 생각했다. 그런데 식물을 키우면서 생각이 바뀌었다. 나무 위에 집을 지으면 식물을 더 잘 알게 될 수 있을 것 같았다.

동물과 마찬가지로 식물도 잎을 코앞에서 보고, 실제로

만져보면 더 친해질 수 있다. 트리하우스를 만들고 느티나무를 베란다의 화초처럼 접하다 보니 알게 된 것이 많다. 그냥 키웠다면 잎에 생기는 진드기 혹을 열매로 간과하고 넘어갔을 수도 있었을 것이다.

나무에서 새 잎이 나오는 과정, 달아둔 피딩박스에 새가 날아와 먹이를 먹고 가는 것, 낙엽이 지고 겨울이 찾아오는 모습, 심지어 벌레가 잎을 갉아먹는 것은 글로써 이해할 수 없다. 영상으로도 부족하다. 실제로 느끼고 체험해 봐야 알 수 있다.

클럽하우스 공사를 하면서 마음고생을 워낙 많이 해서 집 공사를 또 하는 것이 걱정되기도 했다. 하지만 다행히 트리하우스는 계획한 일정에서 한 치의 어긋남도 없이 진행되었다.

# 3.
# 오리 연못을 만들기로 했다

 홍천에서 두 번째 연못을 만들었다. 오리가 부화하고 나서 오리 연못을 만든 것이다. 첫 번째 연못 만들기와 비교해 보면 가외의 둑을 올린다든지 하는 스킬적인 부분, 장비나 준비물들을 준비하는 면에서 훨씬 수월했다. 더 이상 놀랍지 않았기 때문이다. 처음과는 다르게 눈탱이도 맞지 않았고. 변수라면 이미 연못에 들어갈 동물들이 있었기 때문에 식물을 심는 데 꽤나 힘들었다는 것 정도였다.

 가물치 연못은 철저히 한국적인 연못이다. 강원도 홍천이라는 지리적 특성 때문에 여러 식물들을 심었지만 실패했다. 그러다 보니 오리 연못은 아예 이국적으로 만들어 보려고 했다. 유리 온실도 생겨서 도전할 기회가 있었다.

그렇게 애써 연못을 만들었는데 초반에는 오리가 잘 들어가지 않았다. 동물을 오래 키운 나는 이런 게 예측대로 되지 않는다는 걸 알고 있었다. 오리는 경계심이 많고 겁도 많은 동물이다. 그런데 그게 상상 이상이었다.

그래도 나는 시간이 지나면 연못에 들어갈 거라고 믿었고, 곧 그렇게 되었다. 사람들이 일반적으로 기대하는 것은 새집이 생기면 러브하우스처럼 환호하고 뛰어드는 모습이겠지만, 동물들은 그렇지 않다.

나는 연못 만들기 콘텐츠를 소개할 때 방수포와 돌 쌓기를 강조한다. 방수포가 터졌다거나 방수포를 비닐로 만드는 유튜브 콘텐츠를 몇 번 봤는데, 비닐은 유지가 될 수 없다. 만져보면 알겠지만, 두께 차이가 생각보다 많이 난다. 연못 공사를 함에 있어 방수포의 비중은 정말 작다. 그러니 그냥 방수포를 사용하는 것이 훨씬 마음 편하다. 습지 여과기를 재공사하면서 연못을 다시 뜯어볼 기회가 있었는데, 방수포는 수압으로 흙에 딱 달라붙고, 몇 년이 지나면 딱딱하게 굳게 되는 걸 볼 수 있었다. 안전 면에서 압도적이다.

돌을 쌓는 것은 거의 예술의 영역이라고 본다. 연못을 만들고 10명이 넘는 굴삭기 기사님과 일을 해 봤는데, 이건 정말 잘하는 분하고만 진행해야 한다. 경험과 노하우가 필요한 영역이다.


### 오리가 얼마나 똑똑하냐면

오리와의 인연은 초등학교 때부터 시작되었다. 당시 학교 앞에서 새끼 오리를 데려와 성체가 될 때까지 키운 적이 있다. 아파트에서는 더 키울 수 없을 정도로 커져서 결국 외갓집이 있는 시골에 보냈었다.

오리는 정말 똑똑한 동물이다. 강아지처럼 주인을 알아보고 쫓아오기도 하는데, 오리의 이런 특성은 나도 직접 키우면서 알게 되었다. 그래서인지 오리를 시골에 보낸 후에도 애정은 각별했고, 오리와 관련된 식품도 먹지 않았다.

사람들은 오리의 특징을 잘 모른다. 훈제오리를 먼저 떠올리는 경우도 많을 것이다. 이런 경우 실제로 오리가 얼마나 똑똑하고 귀여운지 알 수 없다. 나는 오리라는 생물이 얼마나 사람 친화적인 동물인지 알려주고 싶었다. 그래서 오리의 부화 과정을 보여주고자 했다.

　오리의 부화 과정은 다른 조류보다 신경 쓸 것이 많다. 닭이나 꿩, 메추리는 알콕(부화가 시작되는 징조, 알에 깨진 자국)에서 부화까지의 시간이 그리 오래 걸리지 않는데, 오리는 그렇지가 않다. 오리알은 크고 껍질이 두꺼운 편이라 그만큼 부화 시간도 오래 걸린다. 처음 알에 깨짐이 발생하고 24시간에서 36시간 정도가 소요된다. 그러니 거의 하루 종일 지켜봐야 한다. 신기하기도 하지만 잘못될까 걱정되고 계속 긴장되는 것이 오리알의 부화이다.

　일리는 그렇게 부화한 오리들 중 유일하게 성체가 된 녀석이다. 줄스샵에서 부화하고 키우고 홍천에 데려온 유일한 녀석이기도 하다. 귀농을 결심한 이후 데리고 왔는데, 처음에는 클럽하우스에서 같이 살았다. 그런데 이 녀석, 뭐가 불만인지 시도 때도 없이 사람을 물어대고 쫓아다니고 편집증적인 성격을 보였다. 가물치 연못에서 일을 하고 있으면 뒤뚱뒤뚱 10m는 되는 절벽을 기어 올라와 용케 옆에 붙었다. 이래선 안 됐다.

  나는 우선 일리의 짝을 만들어 준다는 생각으로 부화를 준비했다. 그 봄 일리는 평소보다 더 나를 집요하게 따라다니면서 물어대고 괴롭혔다. 짝이 아니면 친구라도 필요하다고 생각했다. 그런데 부화가 아홉 마리나 성공하면서, 생각보다 관리에 힘이 많이 들게 됐다.
  새는 괄약근을 조절하지 못하기 때문에 배변 훈련이 되지 않는다. 그런데 오리는 물똥을 계속 싼다! 집을 하루에 두 번씩 치워야 했다. 풀어 뒀을 때는 쫓아다니면서 배설물을 치워야 하는데 정말 중노동이 따로 없었다. 같은 마릿수의 강아지를 키우는 게 훨씬 쉽다. 그때 녀석들의 흔적은 아직도 화장실에 남아있다.

  그런데 아홉 마리의 오리 중 마지막으로 태어난 한 마리가 한쪽 눈을 반쯤 감고 다녔다. 나중에는 다리를 절다가 걷지 못했다. 보통 같이 부화를 시켜도 먼저 나오는 녀석이 있고 늦게 나오는 녀석이 있다. 아무래도 빨리 나온 녀석들이 더 크고 건강하다. 똑같은 환경에서 똑같은 먹이를 먹었

지만, 막내만 걷지 못했다.

 오리는 전 세계적으로 가장 많이 키워지는 가금류 TOP 2에 속하는 동물이지만, 한국에서는 전용 사료를 생산하거나 판매하는 회사가 적다. 오리 전용 사료가 많지 않다 보니, 보통은 닭 사료를 먹이거나 음식물 쓰레기를 먹이는데, 이는 오리의 성장에 굉장한 제한을 준다고 한다. 개량된 종이기 때문에 사람의 고칼로리 음식으로 다리가 체중을 버티지 못하거나 날개 근육이 버티지 못해 무너져 내리는 것이다. 또는 그런 유전이 이어져 왔기 때문에 아픈 개체들의 유전적 요인을 확인하지 못하고 누대가 이어져 왔을 수도 있다. 우리 막내도 마찬가지였다.

 후에 이것은 니아신 부족으로 인한 것임을 알아냈고, 예방 가능한 질병이라고 했다. 알을 생산하는 모개체가 니아신을 많이 먹었거나, 새끼 때에 적절한 사료로 니아신을 많이 공급했다면 문제가 되지 않았을 질병인 거다.


 한국에서 애정을 갖고 오리를 키우는 사람은 적고, 관련한 정보도 부족하다. 개한테 이런 문제가 생겼다면 어땠을까? 아마 관련 정보가 훨씬 많아 고생하는 사람이 드물 것이다. 나는 이 정보를 찾는 데 굉장히 많은 시간을 썼다.

  우선 한국은 가금류 커뮤니티에 관한 자료가 없다. 증상과 관련한 논문은 딱 한 편이 있다. 이유가 무엇일까. 여지껏 이러한 정보들이 알려지지 않았던 것은 오리가 식용 가축이기 때문이라고 본다. 부화한 지 몇 주가 지나면 도축을 하고 출하하기 때문에 질병을 알아챌 기회도 없었던 것이다.

  나는 막내 오리를 끝까지 치료했는데 이 과정에서도 많은 걸 느꼈다. 첫 번째로 방문했던 병원에서는 안락사를 권유했다. 수술을 할 수는 있는데 재발할 위험이 있다면서 여러모로 자신 없는 태도를 보였고, 안락사 얘기만 계속 했다. 알겠다고 대답을 하면서도 여러 사람이 안락사 얘기를 하고 있으니 기분이 언짢았다. 말을 끊고 그냥 돌아왔다.

  나는 수의사는 그러면 안 된다고 생각한다. 우리 막내는 먹이를 잘 먹었고 체중도 문제가 없었다. 다리를 못 쓴다는 것 외에는 문제가 없는데, 먼길을 달려온 사람에게 안락사를 권유하는 것은 납득하기 어려웠다. 특수 동물을 다룬다고 선전하는 동물병원이라면, 나는 이보다는 더 신중한 태도를 보였어야 한다고 생각한다.

병원에서 그런 진단을 받은 뒤 인터넷에 있는 모든 자료를 뒤지기 시작했다. 테이프로 고정하는 방법도 찾아봤고 수술 방법에 대해서도 찾아봤다. 아무래도 한글보다는 영어권 자료가 더 많았기 때문에 계속해서 찾고 또 찾아야 했다.

테이핑을 시도해 봤지만 다리가 붓는다거나 하는 문제가 있었고, 외과적 수술 외에는 할 수 있는 것이 없어 보였다. 그러다가 내가 원래 다니던 서울의 동물병원에 갔다. 그 병원에서는 하루라도 빨리 데려오지 그랬냐는 대답을 들었다. 참 슬펐다. 고칠 수 있는 질병이었던 거다.

'모른다'라고 하는 건 굉장한 용기라고 생각한다. 어린 시절 키우던 병아리를 데리고 검진을 받으러 동물병원에 갔었다. 수의사가 영양제라고 주사를 놔줬는데, 주사를 맞자마자 병아리가 그 자리에서 바로 죽었다. 이후에는 키우던 새끼 오리가 뒤뚱뒤뚱 걷는 것을 보고는 문제가 있는 게 아닌가 싶어 다른 동물병원에 데려갔다. 의사는 유심히 살펴보더니 잘 모르겠다고 했다. 그 말을 듣고는 그냥 집으로 데려왔다. 그리고는 오래 키웠다.

나중에 생각해 보니 오리는 원래 뒤뚱뒤뚱 걷고 그 모양

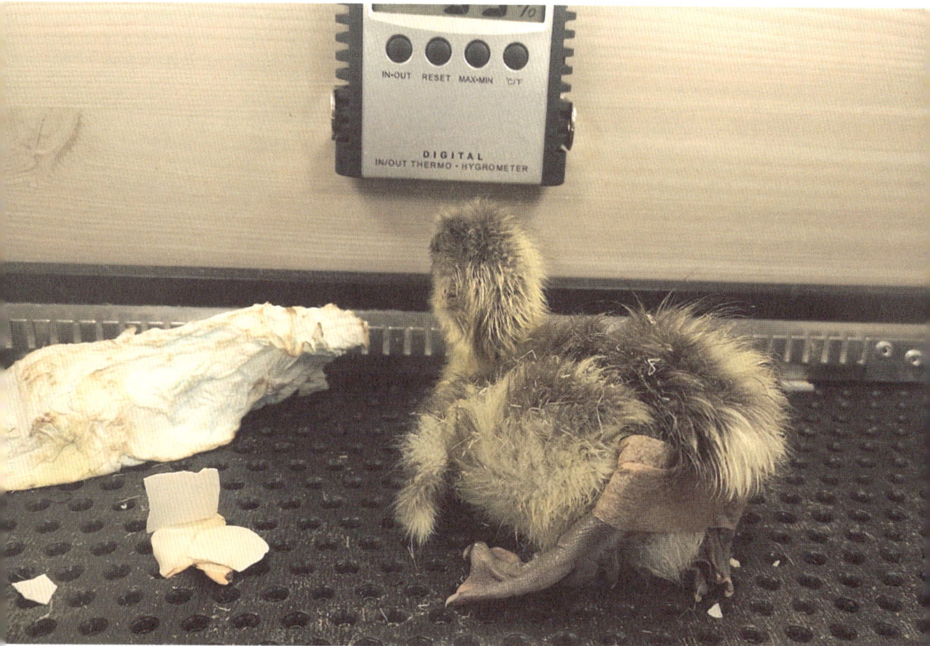
IN•OUT RESET MAX•MIN °C/°F
DIGITAL
IN/OUT THERMO • HYGROMETER

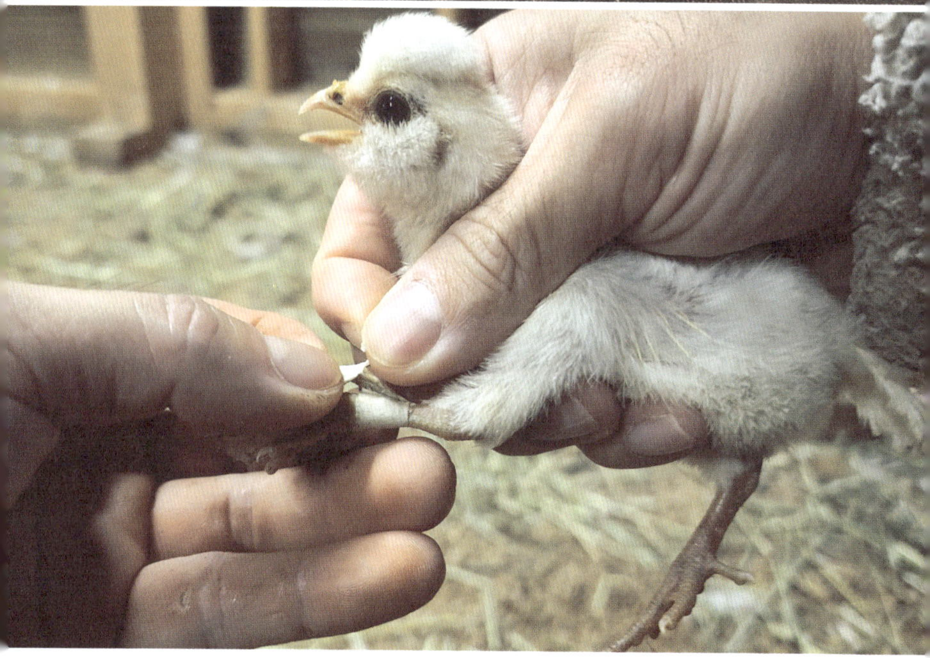

새에 문제가 없던 것이었다. 아는 척을 했던 수의사는 병아리를 죽였고, 모른다고 말한 수의사는 오리를 살렸다. 난 그래서 모르면 모른다고 한다. 찾아본다고 하고.

## 홍천에서의 첫 대면, 조류 친구들

새를 좋아하지만 아파트에 살았기에 보거나 접하는 것은 어려웠다. 잉꼬와 십자매를 키웠지만 그 이상의 조류를 키우는 것은 해보지 않았다. 그러니 새는 잘 모르는 분야였다. 하지만 홍천에서는 달랐다. 내가 동물을 키우는 사람이고, 김줄스 채널이 귀농을 중심으로 돌아가는 이상 조류는 무조건 등장해야 한다고 생각했다.

꿩은 애초부터 방사를 목적으로 데려왔다. 사육되기 시작하면서 대중에게 자유로운 모습보다는 갇혀 있는 모습이 익숙하고, 유해 조수의 이미지나 식용의 이미지가 강한 것이 꿩이라고 본다. 하지만 이 녀석들을 생산의 목적이 아닌 것으로 키우고 있는 사람도 있다는 걸 보여주고 싶었다.

꿩은 굉장히 매력적인 동물이고, 색감이나 행동 자체가

한국에서 보기 힘든 화려하고 난폭한 조류이다. 야생성도 강하다. 그래서 길들여지지 않으면, 역으로 방사도 가능하리라고 생각했다. 그런데 꿩도 많이 키워지는 조류이지만, 사육 방법에 대한 자료는 많지 않았다. 부화 초기에 먹이를 먹지 않고 시름시름 앓다 폐사를 해 고민을 많이 했는데, 밀웜을 급여하자 해당 증상이 사라졌다. 정답은 먹이였다.

버프폴리쉬는 여자친구가 닭을 무서워하기에 최대한 닭 같지 않은 외모의 닭을 고른 것이었다. 한국에서 닭은 알이나 고기를 위해 길러지는 녀석들이다. 하지만 그렇게만 키우지 않는 모습을 보여줘야겠다고 생각했다.

나는 다른 사람들을 계몽시키거나 교육하는 것에는 자질과 능력 모두 가지고 있지 않다. 그냥 이렇게 사는 사람도 있다고 보여주면 충분하다고 생각했다. 동물을 키우는 게 꼭 사람 말을 잘 듣거나, 묘기를 부리거나, 아니면 고기나 알을 취하기 위해서 키워야 되는 건 아니지 않나. 그냥 존재 자체가 위안을 줄 때도 있고 기대하지 않았던 행동을 했을 때 감동을 받는 부분도 있다.

지금도 나는 내가 키우는 닭이 낳은 알을 먹지 않는다. 이게 부화되면 병아리가 되고 한 개체가 된다고 생각하면 그걸 먹기가 어렵다. 시도는 여러 번 해봤지만 결국 실패했다. 그렇다고 버리기도 애매하고, 누굴 주기엔 주변에 사람이 없어서 아주 매일 난감하다.

흑고니 흑미는 귀농을 결정한 후에도 정말 오랜 고민 끝에 데려왔다. 사실 연못을 만들 때부터 고민했다. 워낙 덩치가 커지는 종이기에 이게 맞나, 라는 생각을 계속했다. 그러나 고심 끝에 결국 데려왔다. 고니는 한국의 포식자들, 예를 들면 삵이나 부엉이, 까마귀 등에 효과적으로 대응할 수 있는 동물이기 때문이다. 쉽게 보기 어려운 동물이기도 했다.

클럽하우스에 두고 애지중지하며 키우던 흑고니가 크리스마스 직전에 갑자기 폐사했다. 흑미가 죽은 걸 발견했을 때의 장면은 지금도 잊혀지지가 않는다. 정말 고민을 많이 하고 데려온 녀석이었다. 한방에서 지내고, 같은 시간에 밥을 먹던 녀석인데 쉽지 않았다. 영상에서 말을 한 적은 없지만, 추운 야외와 따뜻한 실내 온도의 변화가 갑자기 심해지면서 타격이 갔던 것 같다. 야외에 풀어두면 항상 연못으

로 달려 들어가고, 추워하는 기색을 보이지 않아서 이 부분에 많이 둔감했었다.

흑미의 죽음은 정신적으로 큰 충격이었다. 이렇게 힘이 드는데 동물 유튜브를 계속하는 게 맞는가, 앞으로 동물은 계속 죽을 건데 애들을 키우는 게 맞는가에 대해 심각하게 고민할 정도로 많이 무너져 내렸다. 당시 주변에서 같이 일하자고 제안을 주던 곳도 여럿 있었고, 추운 동네에서 무슨 부귀영화를 누리겠다고 이렇게 힘든 일을 하나 싶은 자괴감에 운전도 못할 정도였다. 고등학생이던 창업 초, 첫 수입이 생각날 정도로 최악의 크리스마스였다.

흑고니 흑미를 잃고 오래 생각했다. 애초에 폴리카보네이트 형식의 집을 짓지 않고 제대로 온도 관리가 되는, 사람이 사는 집을 지었다면 어땠을까. 또는 동물들의 집을 좀 더 제대로 된 것으로 지어서 외부 기온에 맞춰 개체가 천천히 적응했다면 어땠을까…. 이에 대한 고민을 수도 없이 했다. 그리고 이때의 생각이 동물의 집을 새로 짓게 했다.

### 양이 사람을 이렇게 좋아할 줄이야

양도 조류와 마찬가지였다. 개나 고양이를 키우면 비즈니스 측면에서 훨씬 나을 거다. 대중의 접근도 차원이 다르다. 그런데 연못에는 들풀이 나고 있었다. 이를 매일 뽑거나 약을 뿌리는 것보다는, 동물이 먹어서 없앨 수 있는 사료로 사용할 수 있다면 훨씬 나은 선택이라고 생각했다.

양은 풀을 먹는 동물이다. 요즘에는 꼴을 먹이지 않아서 들풀이 그냥 예초된 위치에 쌓여 버려지고 있다. 들풀 자체의 가치가 0이 되어 버린 상태다. 그런데 관점을 조금만 다르게 보면, 지천에 널려 있는 들풀도 귀중한 자원이다. 없어서 못 먹이는 사료가 되는 것이다. 요즘 화제인 탄소 문제의 관점에서도 그렇고 또 양이 이렇게 귀여운 동물이라는 걸 보여주고 싶어 키우기로 했다.

나는 파충류를 오래 키웠다. 그러다 양을 시작으로 지금은 포유류와 함께 생활하고 있다. 요즈음 파충류와는 비교가 안 되는 교감을 경험하는 중이다. 특히 숫양이 사람을 너무 좋아한다. 일을 방해해서 머리끝까지 화가 날 때도 많은데, 초기에는 오냐오냐했지만 이제는 덩치가 커지면서

사람이 위험할 정도가 됐다. 절벽에서 박치기를 한다든가, 뒤에서 민다든가 하면 정말 사고가 날 수 있는 상황이다.

이와 관련해서 아주 강하게 교육을 하고 있다. 마치 박치기를 할 때처럼 이마를 세게 친다. 요즘에는 단호하게 이름을 부르면 움찔하는 모습을 볼 수 있다. 그러다가도 또 옆에 와서 입김을 불어댄다. 그럼 나는 다시 미안해서 쓰다듬어 주는데, 애는 또 박치기를 한다. 뫼비우스의 띠이다.

많은 동물을 키워보았는데, 일반적으로 개나 고양이보다 양이나 오리와 같은 특수 동물 사육이 훨씬 어렵다. 개는 인간이 발명한 최고의 발명품이라고 이야기하는 것으로 짐작할 수 있듯, 패턴 파악이나 행동 교정이 쉬운 편이다. 나도 개를 7년째 키우고 있지만 이 녀석이 가물치 연못에 있어도 크게 신경 쓰이는 부분이 없다. 말귀를 알아듣고, 배변을 가린다. 하루에 30분에서 1시간 정도 함께 산책을 하면 끝이다. 다른 때는 알아서 돌아다니고 산책도 한다.

그런데 나귀나 양, 새들은 교육은 둘째 치고 똥을 치우는 데만 하루에 몇 시간씩 소요된다. 삽질을 해서 똥을 퍼내고 이걸 또 묵혔다가 흙에 뿌려야 하는데, 이에 비하면 개 산

책은 정말 웃으면서 한다. 특수 동물들에 드는 노고에 비하면 개는 스무 마리도 여유 있게 키울 수 있다.

또 개나 고양이 외의 다른 동물들은 그에 대한 자료와 정보가 적다. 해외 자료나 커뮤니티에 문의를 해야 알 수 있는 편이다. 한국에서 양은 관람 목장에서만 사육이 되는데, 이런 목장들은 사실 정교한 레코드를 가지고 있지 않다. 죽으면 교체하는 정도다. 양떼목장에 매일 방문해서 어제 봤던 녀석이 먹이를 어떻게 먹는지, 임신을 했는지, 특이사항이 있는지 확인해 보는 사람이 있을까? 그렇다면 이걸 체크하는 목장은 있을까?

양은 보통 어린 개체가 30만 원에서 50만 원 정도 한다. 수의사의 왕진 비용은 기본이 30만 원이다. 알파카의 털을 깎아주는 비용은 마리당 40만 원이다. 비슷한 양은 얼마일까? 비용의 관점에서 아픈 개체가 있으면 도살하고 다른 개체를 데려오면 끝인 것이다. 그게 더 저렴하다. 또 돈을 준다고 해도 이 동물들에 대해 모르는 수의사가 대부분이기에 그 과정 자체가 너무 어렵다.

이런 환경에서 나는 이 녀석들에게 이름을 붙이고 애정을 갖고 키우다 보니 어려움이 많다. 일단 이 동물에 대해 아는 사람이 없다. 영상을 올리면 댓글에 수의사나 전문가의 도움을 받으라는 글들이 많은데, 수의사 중에 양에 대해 아는 사람이 얼마나 될까? 그런 글을 올리는 분은 주변에서 양 전문가를 본 적이 있는지 반문하고 싶을 때가 많다. 주변에도 수의사는 여럿 있는데, 양을 보는 사람은 없다. 정보가 나와 있는 한국어 서적 역시 없다.

　현실을 아는 사람은 그런 의견을 남기지 않는다. 치료를 하는 데 기본이 30만 원인 동물을 애정으로 키울 수 있는 사람이 얼마나 있을까. 아픈 개체를 치료하는 것보다, 새로운 개체를 데려오는 데 드는 비용이 더 적다면? TV 동물 쇼에 나오는 가축들, 예를 들어 소나 돼지 같은 녀석들은 알고 보니 방송 이후에 도축된 경우가 많았다. 현실이 그러하다.

　난 이러한 부분이 바뀌었으면 좋겠다. 동물원에는 찬성하지만, 동물의 이러한 사육 형태에 대해선 단호히 반대한다. 해외에서는 동키 생츄어리라고 하는 단체가 있는데, 각국에서 고통받는 당나귀들을 해방시키는 일을 하는 곳이다. 이곳에는 모든 개체들의 사진을 올려 두고 후원을 받고, 상태를 업데이트하고 있다.

  한국의 사업체들이 이런 행위를 하는 것은 무리라고 생각하지만, 적어도 어제 있었던 동물이 오늘 사라지는데 '아 여기는 뷰가 너무 좋아, 여기는 조경이 너무 좋아'라는 이유로 관광지가 되는 일은 없었으면 한다. 이건 지극히 개인적인 이야기이고 직접 경험한 이야기이다.

  이러다 보니 그나마 양 목축이 발달한 해외 자료를 보는 것이 도움이 된다. 모든 동물은 종마다 고유한 특성이 있고 객체마다 성격이 다르다. 개나 고양이의 훈련법이 존재하는 것은 그만큼 많은 사람이 애정을 갖고 키우기 때문이다.

  반려동물이 아닌 동물들은 정말 자료가 없다. 한국에선 면양에 대한 자료가 아예 없기 때문에, 염소 농가의 글을 참고하고 있다. 염소와 양은 구조상으로 비슷하다고 한다. 초반에는 사료의 양을 얼마나 주어야 하는지, 건초는 왜 안 먹는지 정말 머리가 많이 아팠다. 이런 건 상황과 환경이 달라 해외 커뮤니티에 물어도 뚜렷한 답은 없었다. 대체로 '문제가 없으면 그대로 키워라'였다.

## 가물치 연못의 완결
## 그리고 수호천사로 맞이한 나귀…

홍천의 가물치 연못은 시간이 지나며 생태계라고 부를 수 있는 시스템이 완성되기 시작했다. 탐어를 가서도 겨우 몇 마리씩 잡던 참갈겨니나 돌고기 같은 물고기들도 스스로 번식을 시작했다. 그러면서 수백, 수천 마리의 군집을 이루게 됐다. 포식자로 넣어 둔 쏘가리나 꺽지는 무럭무럭 자라는 중이다. 드문드문 보이는 가물치도 죽지 않고 잘 살아 있다. 가물치 연못은 내가 처음에 구상했던 그대로 완결을 본 것이나 마찬가지다.

그래서 범위를 넓혀보기로 했다. 물은 생물이 스스로 찾아오고 번성하는 유일한 물질이다. 넓은 관점으로 보면 물이 있으니 식물이 있어야 하고, 그 식물을 이용하는 동물이 있어야 하는 식인 거다.

현대의 농업에서 잡초라 불리는 들풀들은 박멸의 대상이다. 농업 역시 치열한 사업이고 남들보다 잘해야 이득을 보는 구조이다 보니, 농작물의 생장을 방해하는 들풀들을 제거하기 위해 최대한의 비용과 노력을 들인다.

나는 수국과 관상수를 기르지만, 여기저기 자라는 들풀들을 그냥 제초제를 쳐서 없애버리기는 아깝다고 생각했다. 들풀도 흙과 공중에 있는 귀중한 자원을 매개로 성장하는 생물들이다. 제초제를 치면 그냥 녹아 사라지는데, 그 대신에 동물이 먹을 수 있으면 어떨까 하는 생각이 들었다.

동물들이 먹고 분해하는 풀은 바로 식물의 퇴비가 된다. 과거 한국에서도 소나 당나귀, 염소 등을 키우며 꼴을 베 먹이고 했던 것처럼.

처음에는 청둥오리 일리만 있었지만 이러한 이유로 양을 키우기 시작했다. 그러다가 새들의 종류가 늘어나고 키우던 오리와 닭들이 삵의 습격을 받아 죽으면서 이 녀석들을 지켜줄 수 있는 수호천사가 필요했다. 그게 나귀였다.

나귀는 과거에 짐을 끌거나 사람을 태우는 용도로 사용이 되던 동물이었지만, 현대에는 엔진의 발달로 더이상 쓸모가 없어진 생물이다. 일부 동물 보호론자들은 동물을 산업에 이용하는 것을 학대라고 주장하지만, 되려 기술의 발전으로 쓸모가 없어진 당나귀들은 방치되거나 학대를 당하고 있다. 그로 인해 동키 셍츄어리 같은 단체도 생겼다.

이런 녀석들이 유일하게 각광받는 경우가 있다. 바로 농장에서 동물들을 지키는 용도로서의 역할이다. 당나귀는 천적을 만나면 도망가는 말과는 다르게 대적하고 싸우는 성격이다. 그래서 미국에서도 총기나 개의 대용으로 길러지고 있다. 브레멘 음악대의 시그니처 그림처럼 다른 동물에게 배타적이지도 않고, 순하지만 천적(개과 동물)에게는 강인한 그런 동물인 것이다. 그래서 기르게 됐다. 물론 풀을 먹고 분해하는 게 첫 번째 이유였다.

사람들은 어떻게 나귀까지 들이게 됐냐는 질문을 자주 하지만, 두 마리의 나귀를 키우기로 마음먹는 건 생각보다 어렵지 않았다. 몰랐기 때문이다. 아무것도.

chapter

# 5

1. 동물의 집을 만들다
2. 농가에 한 발 들어가 보니 알게 됐다
3. 김줍스 채널에 대해

# 1.
# 동물의 집을 만들다

2023년 3월, 동물의 집 공사를 시작했다. 동물들이 한 집에 모두 모여 사는 집을 짓기로 한 것이다. 원래는 오리를 별도의 오리장에서 키우고 있었다. 그런데 동물을 야외에서 키우는 것은 집에서 키우는 것과 차원이 다르다. 매일매일이 긴장의 연속이다. 혹여나 구멍이 생겨 족제비가 들어가지 않을까, 쥐가 들어가지는 않을까 등의 걱정과 불안이 계속된다. 많이들 모르지만, 현실적으로는 이 스트레스가 상당하다.

또 새는 기본적으로 먹이사슬의 하위층에 위치한 동물이기 때문에, 오픈된 공간에서 키우기에는 너무나 취약한 동물이다. 그래서 야외에서 키우는 것에 대해 걱정이 많았다. 내부에 설치해 둔 CCTV로 보고 있어도, 오리들은 외부의 변화에 굉장히 민감한 걸 확인할 수 있었다. 밤에도 두 눈을 감지 않고 한쪽만 감고 잔다든지, 자그마한 소음에도 모두 잠에서 깨 반응했다. 이런 모습을 보고 있으니 걱정이 많았다.

고민 끝에 이 동물들을 한 번에 키우고 관리할 수 있어야겠다고 생각했다. 그러면 일단 내가 편해질 것 같았다. 양의 천적은 한국에서 담비 정도밖에 없는데, 오리는 모든 생물들이 다 천적이다. 그래서 처음에는 오리를 지키는 것이 목적이었다. 하지만 공부를 하면서 같이 있는 동물들의 포식자에 대한 반응이나 상생의 정보를 점차 알게 되었고, 결국은 건축을 하게 됐다.

동물의 집 공사는 조경하는 분들에게 소개를 받았다. 목조주택을 짓는 것이 본업인 분들이었다. 많은 자료를 참고하고 공부한 덕분에 기초 콘크리트부터 완공까지 혼자 할 수 있었다. 비용은 처음엔 3천만 원으로 예산을 잡았지만, 코로나 이후 비용 상승으로 인해 4천만 원 넘게 발생했다.

## 건축을 할 줄이야

동물의 집을 짓는 건 건축의 영역이었다. 아무리 공사를 몇 번 했다지만, 건축은 처음이었다. 그래서 처음엔 6m 높이의 동물 집을 짓는 것이 맞는가에 대해 고민을 많이 했다. 나는 지금 폴리카보네이트로 만들어진 비닐하우스에 살고 있는데 동물들의 집이 더 좋은 것에 대한 현타도 많이 왔다.

그런데 동물의 집을 지어야 하나 고민할 때, 클립하우스에서 키우던 흑고니가 죽었다. 앞서도 언급했지만, 정말 많이 힘들었다. 내 개인의 욕심으로 하나의 생명을 죽였다는 자책감이 심하게 들었다. 유튜브나 생물을 기르는 것을 진지하게 고민하기도 했다.

유튜브를 해봐야 수익성이 있지도 않고, 자아실현의 일환이라고 생각하고 있는데 정신적으로까지 이렇게 스트레스를 받아가며 해야 하나에 대한 정말 깊은 성찰이 있었다. 사실 흑고니는 폴리카보네이트 하우스에 살 때도 여러 번 온도에 관련한 죽을 고비를 넘겼었다. 사람은 더우면 에어컨을 틀면 되지만 동물은 그게 아니기 때문이다.

그렇게 시작된 동물의 집이 완성되고 동물들이 한 공간에서 지내기 시작했다. 동물들은 약간의 긴장감은 가지고 있지만, 서로를 배려하며 생활하고 있다. 과거에 방배동 매장에서 악어를 키울 당시 악뚜의 머리 위에 황소개구리가 올라간 것을 보고 브레멘 음악대라는 댓글들이 달렸었는데, 크게 보면 그때와 비슷하다. 당나귀는 어린 양을 배려하고 크게 배척하지 않는다. 공작이나 닭들도 마찬가지다. 조금씩의 서열 다툼은 있지만 큰 싸움은 일어나지 않고 생활 중이다.

## 한 곳에서 지내는 동물에 대한 궁금증

어쩌면 내가 동물을 대하는 것이 일반적이지 않기 때문인지는 몰라도 나는 오리, 거위와 같은 조류와 양, 나귀와 같은 대동물이 같은 공간에서 함께 어우러져 지내는 것이 특별하다고 생각해 본 적이 없다. 하지만 이를 바라보는 사람들의 생각은 조금 다른 것 같다. 동물원을 가더라도 동물들의 생김새나 특성에 따라 분류하여 키우고 있다 보니, 어떻게 한 공간에서 같이 지내는지, 별 문제는 없는지에 대해

많이들 물어본다.

 예전에 악어를 키울 때도 그랬고, 물고기를 키울 때도, 비바리움을 운영할 때도 그랬는데 나는 단일 종을 키우는 것이 목표가 아닌 이상 많은 동물들을 함께 기르는 것은 장점이 훨씬 많다고 본다. 생태계라는 거창한 목표가 아니어도 그렇다.
 일례로 당나귀와 양 같은 덩치가 커다란 동물들은 먹이를 먹을 때 조각난 먹이들이나 배변이 여기저기 어질러지게 된다. 그럼 이것들이 부패하거나 벌레가 꼬이는 등의 이유로 문제가 될 수 있다. 그런데 오리나 닭을 같이 키우면 남는 작은 먹이를 먹어치우고, 꼬이는 파리 같은 벌레들을 사냥하는 등의 효율이 발생한다.

 어릴 때부터 같이 자란 동물들은 다른 동물을 배척하거나 공격하지 않는다. 그냥 같이 있는 것에 익숙해진다. 오랜 시간 같이 있었지만, 공격은 물론이고 밟거나 깔고 뭉개거나 하는 등의 문제가 발생한 적은 없다.
 다만 동물이 여러 종류이기 때문에 먹이를 각각 공급해

야 하고, 시간대를 나눠야 하는 등의 어려움은 있다. 당나귀나 양 같은 초식 동물은, 곡식이 많은 새의 사료를 먹으면 소화 문제가 있을 수 있다. 그래서 시간대를 엄격하게 나눠 두고 조절한다.

오리와 거위는 물을 엄청 좋아해서 물통에 물이 남아있는 꼴을 보지 못하고 물장난을 치는데, 닭들은 이런 습한 환경을 좋아하지 않는다. 그래서 청소를 더 신경 써서 자주 해야 한다.

구충이나 예방, 관리 등의 차원에서도 동물의 종류가 늘어날 때마다 배의 시간이 걸린다. 이런 경험을 하며 농업이나 축산업에 종사하는 분들이 괜히 단일 작물, 단일 종만 키우는 게 아니라는 걸 뼈저리게 느끼고 있다.

당나귀나 양을 키울 때 측면이 뚫려 있는 환경에서는 닭이나 오리를 키우기에는 위험하고 그 반대의 문제도 있지만 이건 동물의 집을 만들면서 어느 정도 해결했다.

나의 환경이 일반적인 축산에서는 시도하지 않는 방식이라 현실적으로 많은 번거로움이 있기는 하다. 결국 내가 동

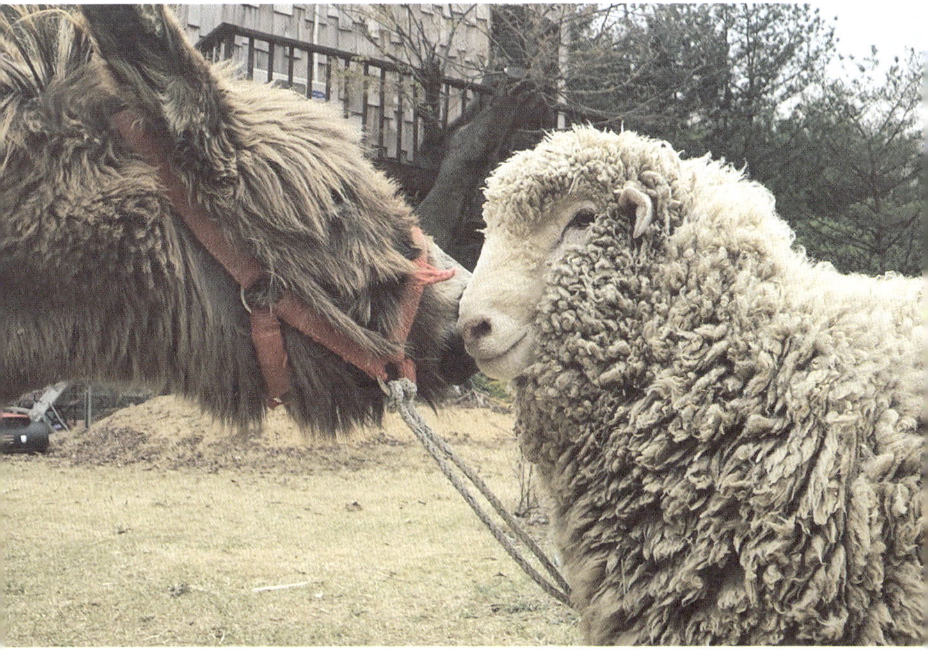
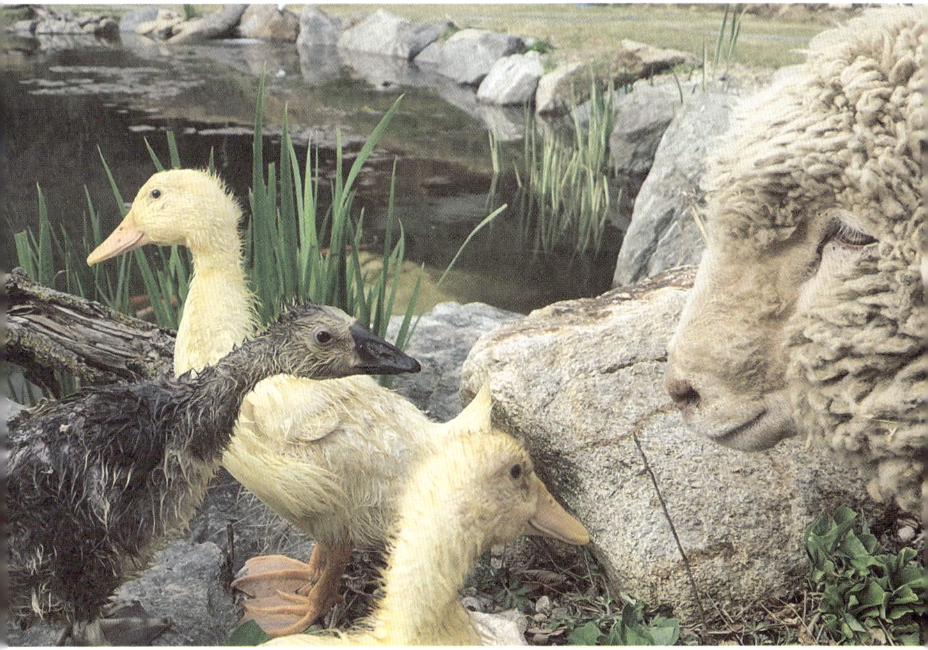

물들을 돌보는 데 더 많은 시간이 든다. 귀농하고 제대로 된 여행을 가본 적이 없다. 하지만 동물들끼리의 문제는 없다.

## 동물도 식구는 아는 게 아닐까

나는 교감은 사실 인간이 느끼는 감정이라고 생각한다. 다만 동물들끼리도 식구나 동료의 개념은 있는 듯 보였다. 가족이라고 하기엔 너무 깊은 개념이고 같이 밥을 먹는 식구 정도가 맞지 않을까. 식구가 아닌 타인이 애를 괴롭힌다면 가서 싸우지만, 나도 애를 괴롭힐 수도 있고 하는 정도.

내 강아지는 겁이 많고 굉장히 예민한데, 내가 키우는 동물들에게는 짖거나 덤빈 적이 없다. 무서워서 그런 것일 수도 있고, 해코지하고 싶은데 내가 막아서 그런 것일 수도 있지만, 존재에 대해 인지하고 있는 듯하다.

처음에는 양이 근처만 와도 기겁했던 나귀가 지금은 옆에서 밥을 먹어도 가만히 있는다. 앞에서 냄새를 맡아도 마찬가지다. 닭들은 나귀가 밥을 먹는 옆에서 놀고 있고, 오리와 거위들도 자유롭게 돌아다닌다. 다른 종류의 동물들끼리 싸움이 난 적이 없다.

요즘에는 거위들이 항상 오리들을 쫓아다니면서 가드 역할을 해준다. 한 마리라도 없으면 나올 때까지 울부짖어서 귀가 터질 것 같은데 오리들은 알아듣지를 못해서 그런지 신경을 쓰지 않는 모습이다.

그렇지만 서로 다른 종의 동물이 처음 만날 때에는 미리 공부하고 조심하는 편이다. 아무래도 야생의 환경이나 습성이 다르기 때문에, 초기에 먹이를 넉넉하게 주고 간섭을 하지 않도록 막아주어야 한다. 그러고 나서 조금씩 서로를 인지하도록 해야 한다. 그러면 영원히 원수가 되거나, 식구가 되었다.

동물들을 최대한 자유롭게 키우려고 하지만, 그래도 조심해야 한다는 걸 느낀 적이 있다. 나귀를 데리고 온 초기, 양이 나귀를 너무 좋아했다. 마구 뛰어다니면서 쫓아다니던 시절이었다. 촬영은 하지 않았지만 나귀가 도망가면서 내 주변을 몇 바퀴 돌았고, 매어둔 끈이 만화 영화처럼 내 다리를 여러 번 감아 뒤로 크게 넘어진 적이 있다. 넘어지는 걸 느끼며 말도 안 되게 죽는구나 싶었고, 이건 뉴스에 나오겠다 싶었는데 다행히 큰 사고로 이어지지는 않았다.

그 후로는 양을 철저히 교육하고 있다.


## 새로운 만남 낯선 이별

나는 최근 1년 사이에도 새로운 동물이 탄생하고 함께했던 동물을 떠나보내는 과정을 겪었다. 이미 여러 차례 경험한 일이지만, 좀처럼 익숙해지지 않는다. 그런데 이런 모습을 보고 혹자는 유튜브를 위해 동물을 기우는 것이 아니냐는 말을 한다. 그런 내용의 댓글도 꾸준히 달리고 있다.

유튜브 조회수를 위해서였다면 지난 가을과 겨울에도 닭과 오리, 거위 알을 번식시키고 부화하는 것을 생중계했을 거다. 오리 알 부화 과정은 실시간 7천 명이 볼 정도로 많은 관심을 끌었었다.

그러나 지난 겨울 유튜브는 최악의 시청 조회수를 기록했고, 유튜브를 그만해야 하나, 고민을 할 정도의 성과가 나왔다. 하지만 그런 댓글에 대해선 돈안지유돈(豚眼只有豚)이라 생각하며 넘기고 있다. 그럴 거였으면 진작에 그렇게 했을 거다.

앞에서도 이야기했지만, 나는 누군가를 설득하거나 하

는 데에는 자신이 없다. 이야기해 봤자 달라지는 것은 없으니 그냥 차단을 할 뿐이다.

## 축사 철거와 유리 온실

2022년에도 여러 건의 공사를 진행했다. 먼저 눈엣가시인 축사를 철거했는데, 석면 철거, 파이프 제거 과정이 굉장히 까다로웠다. 법적으로 예민한 부분이 있어 촬영은 하지 못했다. 보통은 군에서 보조금을 일정 부분 지급하고 나머지를 소유주가 부담한다. 주변에서는 축사 짓기도 힘든데 왜 철거하냐는 분들도 있었지만, 나는 앓던 이를 빼는 느낌이었다.

유리 온실은 식물을 키우는 사람 또는 정원 생활을 꿈꾸는 사람들의 로망이 아닐까 싶다. 비용이나 효율을 생각하면 의미가 없지만, 비닐하우스와는 다른 매력이 있다고 생각한다. 일단 외관이 예쁘고 온실이라는 이름에서 주는 상징적인 느낌이 있으니까. 월동이 안 되는 식물들도 겨울을 보낼 수 있기에 여러 가지를 고려하여 직접 만들었다.

하지만 홍천의 겨울이 생각보다 더 추워서 난방비를 대

려면 식물이 훨씬 많아야 했다. 그러다 보니 정작 겨울에는 잘 사용하지 못했다. 친구들이 놀러 오면 가끔 캠핑하는 용도로 사용하고 있다.

  홍천에 와서 연못을 만들거나 클럽하우스 같은 집을 짓거나 동물의 집과 같은 건축을 할 때도 나는 내가 직접 공사를 했다. 어린시절 목동에서 창업을 했을 때도, 서초구로 이사를 갔을 때도, 신사동에 분점을 냈을 때도 마찬가지였다. 그렇게 직접 해야 애착이 간다. 무엇보다 문제가 생겼을 때 원인을 정확하게 알 수 있고 그로 인해 원활하게 처리가 가능하기 때문이다.

  물론 완공된 이후에는 그 공간에 들어가기만 해도 공사할 때 생각이 나서 피곤하기도 하다. 또 문제가 생기면 그것부터 보이니 스트레스를 더 받기도 한다.

## 2.
# 농가에 한 발
# 들어가 보니 알게 됐다

2023년 줄스클럽이라는 온라인 상점을 오픈했다. 철저한 기획과 준비를 거쳐 오픈한 건 아니다. 처음에는 마을 분의 농가 하나를 돕는 마음에서 사과 홍보를 해 드렸다. 당시 유튜브 영상에 연락처만 남겨 두고 구매를 원하시는 분들은 그쪽으로 연락을 하시라는 정도만 공지했다. 그런데 올려 두었던 번호로 전화가 몰려들어 휴대폰이 바로 방전되었고, 문자 메시지나 전화로 주문을 받고 처리하는 것에 문제가 있었다. 배송이 잘못되거나 입금 확인이 되지 않는 등의 문제가 다수 발생한 것이다. 그때 '아, 이건 돕는 게 아니구나'라는 걸 느꼈다.

나는 모든 거래는 상호 간에 이익이 있어야 한다고 생각한다. 그런 마음으로 사업을 해왔기 때문에 동물 수출입에 관련한 사업을 정리한 지 2년이 넘은 지금도 줄스샵을 그리워하는 고객들이 있다고 생각한다. 아무튼 '이건 아닌데' 하는 생각이 계속 들었다. 제대로 된 고객 응대가 되지 않고, 팔이도 얼마를 팔았는지 모르는 구조는 문제가 있는 것이다.

그러다 이듬해 여름 홍천 찰옥수수 홍보 요청을 받았다. 이때는 전해와 다르게 고민이 많았다. 이걸 해도 나에게는 어떠한 이윤도 떨어지지 않는다. 도리어 CS와 관련해 욕만 먹을 것이다. 그런데도 하는 게 맞나 싶은 생각이 들었다.

한참을 고민했다. 그러다 기왕 했던 건데 한 번 더 해보자는 심정으로 네이버 스마트스토어를 만들었다. 일주일도 안 되는 시간이었다. 1년 전, 전화로만 받았던 주문을 그렇게 온라인화 했다.

업무를 처리할 직원도 없었기 때문에 모든 일은 직접 했다. 낮에는 동물들을 관리하고 늦은 저녁부터 이른 아침까지 짬을 내 고객 응대와 운송장 등록 같은 일을 했다. 비는 시간 없이 빼곡하게 채워진 일정을 정신없이 소화했다. 나중에 안 사실인데, 당시 찰옥수수 판매가 홍천 전체에서도 순위권에 들 정도였다고 한다. 고맙게도 구독자들에게 그만큼 많은 양의 옥수수를 판매했지만, 이때 역시 나는 선의로 도와드린 거였기에 내 이윤을 만들지 않았다.

그런데 아무래도 혼자서 처리를 하다 보니 응대가 부족했다. 영상도 만들지 못하는 문제가 발생했다. 무엇보다 우리 영상을 보고 주문하신 분들이 쉽사리 클레임을 걸지 못하는 상황도 보게 됐다. 문제가 있지만 농가를 생각해서 넘어간다는 글을 여럿 봤는데 솔직히 기분이 좋지 않았다. 가공되지 않은 찰옥수수의 원물이다 보니 오해가 있는 경우도 있고, 정말 문제가 있는 경우도 있었다. 이럴 때 연락을 주었더라면 상호가 충분히 이해하고 해결할 수 있는 케이스가 많았다. 나는 거래에 있어서 일방적으로 누군가가 불편을 감수하는 건 바르지 않다고 본다. 무엇이든 상호 간에 만족해야 지속 가능하다.

그래서 이 구조를 보다 체계적으로 만들어 보고자 했다. 충분히 가능성이 있다고 판단했기 때문이다. 물론 유튜브 수입만으로는 홍천에서 하고 있는 콘텐츠를 지속할 수 없다는 판단도 끼어있었다.

우리 유튜브 채널이 한때 인기 급상승 영상에 올라가거나 많은 조회수를 기록하긴 했지만, 사실 줄스샵이라는 오래된 수출입 업체를 운영할 때의 매출을 넘긴 적은 한 번도 없다. 귀농을 결심하고 홍천을 오게 된 것도 비즈니스적 관점에서 보자면 바보 같은 선택이다. 매년 줄스샵의 매출은 증가했고 사업도 커졌으니까. 다만 나는 언제나 내가 바라는 삶의 형태를 쫓았고, 이제는 농산품 유통이라는 것이 내가 원하는 삶을 살 수 있는 방법 중 하나가 되지 않을까 생각했다.

## 생산자도 소비자도 관점이 바뀌어야 한다

줄스는 수입·도매·소매를 직접 다 관장하는 유일한 이색 반려동물 가게였다. 그러다 보니 내가 정하는 것이 기준이 되었다. 그런데 농산품은 그럴 수 없었다. 일반인은 알지 못하는 미묘한 차이가 직거래·마트·백화점의 차이를 낳게 되고, 가격도 몇 배가 왔다 갔다 한다.

소비자는 농가 직거래면 더 저렴해야 하는 것이 아니냐

생각할 수 있다. 하지만 농가와의 직거래로 저렴하게 구입할 수 있는 농산품은 시장에서 거래되지 못하는 등외품 밖에 없다. 일반 경매 시장에서 취급하지 않는 등급 이하의 농산품이다.

농업 역시 그 어느 분야보다 치열한 사업이다. 취미로 농사를 하든, 본업으로 하든 이익을 따질 수밖에 없다. 예를 들어, 경매 시장에서 1kg당 10,000원에 사줄 수 있다고 하면, 이 농가는 방문하는 손님에게 직거래로 1kg를 얼마에 판매하는 게 좋을까?

직거래에는 함정이 있다. 농가의 누군가는 직거래를 위해 현장에 대기하고 있어야 하고, 박스 포장을 해야 하고, CS를 해야 한다는 것. 그렇다고 그 수량이 많은 게 아니기 때문에 최저 시급인 만 원으로 계산을 해도 하루에 8시간 업무를 본다면 8만 원이라는 고정 비용이 발생한다. 그래서 농가 직거래가 생각보다 가격이 저렴하지 않은 것이다.

그럼 대량으로 구입하면 저렴한가? 그렇지도 않다. 현존하는 모든 농가엔 직거래 시스템이 구축되어 있지 않다. 그러다 보니 포장을 하고, 배송하고, 분류를 하는 이 모든 과정에 돈이 들고 인력을 새로 뽑는 등의 추가 지출이 발생한다. 경매를 낸다면 플라스틱 컨테이너 박스에 쌓아서 보내면 될 것을, 종이박스를 접고 그 안에 스티로폼 포장을 해서 보내야 한다는 말이다.

    이러한 추가 비용이 오히려 경매 시장을 통해 낙찰받은 유통 업체들의 비용보다 많이 들 수 있다. 모든 사업은 규모의 경제하에 돌아가니까. 하루에 10,000건의 포장을 하는 유통 업체와 10건의 포장을 하는 농가의 개별 단위당 포장 비용은 비교가 되지 않는다.

    나도 이를 몰랐기 때문에 농가에서 판매를 하고 보니 비용이 너무 많이 들어 원래 계약했던 가격에 줄 수 없다는 경우도 겪었다. 찰옥수수를 판매하고 나서 추석 선물로 진행했던 사과 공동구매가 그랬다. 이 사과 공동구매는 강원일보 1면에도 실리고 유통 구조 혁신이라고 호평을 받았지만, 유통을 했던 나에게 실제로 이윤이 남은 건 없었다. 그러나 농가를 비난하지 않는다. 안 해본 일이니 어쩔 수가 없다고 생각했다. 피눈물이 나긴 하지만 어쩔 수 없었다. 수업료를 낸다고 생각했다.

다만 이러한 사례가 쌓이고, 농가의 경험이 쌓이고, 인력 풀이 늘어나고, 우리의 인지도가 쌓인다면 더 많은 고객들에게 더 좋은 가격으로 공급할 수 있을 거라고 기대하고 있다. 우리가 소개하는 농산품이 더 서렴하진 않아도, 같은 가격대에서는 더 좋은 상품을 판매하고 있는 것이 분명하기 때문이다. 이윤이 없어도 작물이 좋으면 진행하는 게 이러한 이유 때문이다.

농가에도 협업을 진행할 때마다 신규 채용을 하시라, 단기직이라도 좋으니 사람을 써봐라, 그래야 경험이 쌓인다고 귀띔을 드리고 있다. 다들 처음에는 흘려듣다가 일주일쯤 지나면 연락이 다시 온다.

사과 공동구매 이후 경력이 단절된 여성분들을 채용해 MD 역할을 맡기고 있다. 이분들이 주변의 농가나 사업체를 방문해 직접 상품을 확인하고 공동구매를 진행하는 형태로 운영하는 것이다.

강원도에 귀농한 나는 강원도 사람들과 강원도의 기업들이 성장해야 한다고 생각한다. 강원도에는 수도권에 비해 경력 단절 인력들을 위한 일자리가 많지 않다. 이럴 때 우리 같은 구조가 해답이 될 수 있다고 생각한다. 또 지금의 농가 위탁배송 업체들을 보면 판매하는 상품들은 강원도 농산품인데 사업자는 서울이나 경기로 되어 있는 경우가 태반이다. 뼈 빠지게 농사짓는 건 강원도 사람들이고, 채용이나 세금을 내는 건 다른 지방이면 지역 경제나 인구 소멸에 하등 좋을 게 없다고 생각한다. 내색한 적은 없지만 이러한 나름의 사명 의식을 가지고 사업을 하고 있다. 별개로 친구들한테는 귀농하라고 권유를 하고 있다. 어찌 보면 기회인 것이다.

### 예측 불가능한 일상

사과 홍보를 진행할 때 농산물의 특성에 대해 제대로 경험했다. 사과값 폭등의 원인이었던 기후 변화는 이런저런 정보로 많은 사람들이 알고 있을 것이다. 그런데 나는 비닐하우스에서 살고 있어서 그런지 몰라도 말 그대로 온몸으로 체감이 됐다.

2022년의 겨울은 지옥이었고 2023년은 살만했다. 1~2년으로 기후를 예측할 수는 없지만, 내가 만나보는 모든 홍천의 주민들에게 물어봤을 때 최근의 겨울이 따뜻한 겨울이라고 했다. 실제로 4년간 피지 않았던 벚나무와 매실나무에서 꽃이 피었다. 거기에 현 국제 정세가 계속된다면 예측하기 어려운 문제가 발생할 것이다.

동물을 돌보고, 연못과 식물을 가꾸고 농산품 사업까지 직접 하면서 점점 해야 할 일들이 많아지고 있다. 정신없는 일상을 보내면서도 매일매일이 고민이다. 이걸 왜 하고 있는지, 더운 날 전국에서 가장 더운 곳에서, 추운 날 전국에서 가장 추운 곳에서 내가 왜 이래야 하는지 스스로에게 묻는다.

그런데 조용히 생각해 보면, 나는 동물들을 볼 때 제일 기분이 좋은 걸 알 수 있다. 말을 안 듣는 동물들을 보고 화가 머리끝까지 나서 소리를 지르는 일도 있지만, 그래도 만족할 삶을 살고 있지 않나 싶다. 앞으로 어찌 될지는 모르겠지만… 유지되었으면 좋겠다. 목표는 홍천에 복합생태공간을 완성시키는 거다. 동물과 사람, 문화가 어우러질 수 있는 곳으로.

# 3.
# 김줄스 채널에 대해

김줄스 채널은 오랫동안 관심을 받고 있는 유튜브 채널이다. 특이한 점은 내가 집중하고 있는 관심사에 따라서 콘텐츠도 변화하고 있다는 것. 조회수가 떨어지고 수익성이 낮아도 해야 하는 이야기이거나 보여주고 싶은 콘텐츠라면 제작하고 있다.

역설적으로 이러한 점 때문에 아직까지 지속할 수 있었던 것이 아닌가 싶다. 희귀 파충류를 키우던 사람이 악어를 키운다든가, 갑자기 강원도 홍천에 연못을 만든다든가 하는 등의 변화들 덕분에 말이다.

물론 콘텐츠가 변화함에 따라 구독자 수나 조회수에는 영향을 받고 있다. 예를 들어 식물이나 농사를 다룬 영상은 인기가 없다. 그러나 나는 내가 좋아하는 것을 보여주고 싶고, 그게 설령 내가 과거에 했던 이야기를 부정하는 꼴이 되더라도 계속해서 공부해 가며 바뀌는 가치관을 숨기고 싶지는 않다. 앞으로도 김줄스 채널은 이런 방향으로 지속되거나, 어쩌면 어느 순간 아예 문을 닫을 수도 있을 것 같다.

이 책도 독자들이 편한 마음으로 봐주시면 좋겠다. 그냥 이렇게 사는 사람도 있구나. 혹자가 말하는 것처럼 돈이 많고 여유가 많아 행하는 것이 아니라 열심히 살고 있는 사람의 건강한 흔적으로 봐주셨으면 한다.

## 김줄스 채널의 변하지 않는 것

파충류 전문 유튜버에서 생태 연못 유튜버가 되었지만, 촬영 방식이 크게 달라지지는 않았다. 지금도 굳이 따로 대본을 만들지 않고 있다. 대신 영상을 촬영할 때 머릿속으로 어떤 이야기를 할지, 어떻게 설명할지 생각하면서 진행한다.

브랜디드 콘텐츠(브랜드의 목적 달성을 위해 제작되는 모든 콘텐츠)를 만들 때만 대본을 쓴다. 가끔은 이렇게 대본이 있는 것이 어색하게 들릴 때도 있다. 아마 시청하는 구독자들도 비슷하게 낯설어할 것 같다.

파충류 사육에 대한 이런저런 정보를 다루었던 것처럼, 지금 올리는 영상에도 연못이나 생물에 대해 공부한 것들을 담으려 하고 있다. 그러다 보니 자연과 생물에 대한 내 생각도 많이 담기는 것 같다.
사람들이 유튜브를 좋아하고 채널을 구독하며 보는 이유는 채널 주인의 생각이나 철학이 담겨 있기 때문이 아닐까, 짐작해 본다. 물론 개개인이 어떻게 받아들일지는 모르겠지만 말이다.

영상을 통해 내 생각이나 철학을 누군가에게 강요하거나 교육할 생각은 전혀 없다. 영상을 보면서 연못이나 생물에 관심이 없던 사람이 조금이라도 긍정적인 관심을 가질 수 있다면 그걸로 됐다고 생각한다.
예를 들어, 연못에 무단 방문한 사람 관련 영상으로 처음 내 채널을 접하더라도, 이를 통해 다른 영상들을 보고 자연이나 환경에 대해 짧게라도 접해볼 수 있다면, 단순 식용으로만 생각했던 오리와 닭, 양도 각자만의 성격이 있고 생명체라는 것을 느낄 수 있다면 그것만으로 만족한다.

연못 영상을 보고 연락을 주신 분들이 정말 많다. 유명한 기업 회장님 등 여러 방면에서 연락이 온다. 실제로 방문하여 조언을 준 사람은 지속적으로 연락을 주셨던 한 분밖에 없지만, 최대한 많은 분에게 도움을 드리려고 노력하고 있다. 다만, 항상 드리는 말씀은 연못을 만들기 이전에 작은 수조라도 한번 운영해 봤으면 하는 것이다.

### 구독자와의 관계

영상에 동물만큼이나 자주 등장하는 것은 바로 구독자분들이다. 서울에서도 그렇고 홍천에 사는 지금도 구독자분들이 도움을 많이 주신다. 왜 도움을 주는지 이해가 되지 않아 솔직히 부담이 될 때도 있다. 시간을 내서 내 일에 도움을 주고, 궁금한 점에 답해주는 분들이 고마우면서도 진심으로 신기하다.

이에 관해 정말 많은 고민을 해보았는데, 나는 선천적으로 사람이 불편하고 상대적으로 동물이 편하다. 사람의 호의에는 이유가 있다고 생각해서 이유를 찾고자 계속 고민을 하는 데 반해, 동물들의 호의엔 이유가 없기 때문이라고 결론을 내렸다. 동물들의 행동은 일종의 패턴을 지니고 있고 상황을 대입하면 어느 정도의 답이 나온다. 그렇게 유추를 할 수 있다. 그런데 사람은 그렇지 않다. 수년 동안 알고 지냈던 사람이 수천만 원의 사기를 치고 잠적하는 것처럼. 그래서 나는 동물이 더 편하다.

도움을 주시는 구독자분들은 대체로 동물을 좋아하는 분들이다. 그런데 성향은 나와 정반대인 분들이 많다. 최근에도 구독자분들이 홍천에 오셨다. 연못 만든 지 3주년이라고 케이크까지 만들어오셨다. 감사하지만 부담스러워서 혼났다.

## 식물을 계속하는 이유

식물은 유튜브 콘텐츠 중 최약체이다. 시간이 오래 소요되고, 도파민을 얻기 위해 시청하는 유튜브 시청자들에게는 자극이 되지 않는다. 정보를 얻기 위해 시청하는 시청자들에게도 식물 유튜브는 사실 큰 도움이 되지 않는다. 앞서 언급했듯 기후와 상황이 다 다르기 때문이다.

그럼에도 식물을 심고 기르는 것을 계속 노출하는 까닭은, 식물은 동물이 더 나아가 인간이 생존하기 위해 필수적인 요소이기 때문이다. 한반도의 온 국토에 널려 있는 소나무와 잣나무도 누군가의 노동으로 심어진 것이고, 그 중요성에 대해 내 유튜브를 시청하는 일부라도 인지하고 있으면 하는 바람이 있다.

콘텐츠를 만드는 나는 그래도 계속 그 자료를 찾고 공부하는 사람이니 느끼고 있지만, 나도 홍천에 땅을 사기 전에는 전혀 몰랐던 이야기였다. 그러니 탄소배출이니 뭐니 하는 어려운 이야기보다는 그냥 이런 사람도 있다는 것으로 이해해줬으면 한다.

# chapter 6

1. 연못 만들기
2. 계절별 연못 관리법
3. 생태계에 대한 이해가 먼저다

# 1.
# 연못 만들기

나는 유튜브를 통해 연못을 만드는 과정을 모두 공개했다. 홍천에서 총 2개의 연못을 만들었고 여러 해를 지나면서 성공적으로 관리해 오고 있다. 나에게 오는 문의 중 상당수가 연못을 어떻게 만드냐는 것이다. 그동안의 경험을 바탕으로 연못 만들기의 주요 과정을 간략하게 소개한다.

## 1) 장소 선택

땅은 기본적으로 사용 목적에 따라 여러 지목(地目)으로 나눌 수 있다. 연못은 지목을 '유지(溜池) 목'으로 변경해야 한다. 비용이나 시간이 꽤 걸리는 문제이기 때문에 혹시나

지목 변경이 되지 않는 부지라면 나중에 메꿔야 하는 문제가 생길 수 있다. 그래서 이 부분을 먼저 확인한 뒤 연못을 만드는 것이 좋다.

주변 자연환경도 확인해야 한다. 다른 나무로 인해 가려지는 부분이 최소 30% 정도 있는 것이 좋다. 연못 제작에 대해 문의가 많이 오는데, 그중 대부분이 녹조, 이끼, 갈이끼 등의 수질 문제다. 이것은 빛을 어느 정도만 막아도 훨씬 쉽게 관리할 수 있다. 물론 가물치 연못처럼 큰 나무를 식재하는 방법도 있다. 하지만 이는 비용도 공간도 많이 차지하니 부지 선정 당시부터 확인해 보는 게 좋을 듯하다.

마지막으로는 홍천이나 강원도 북부의 추운 지역은 피하라고 말하고 싶다. 겨울에는 안 그래도 추운데 물이 닿는 부품들이 파손되는 경우가 잦아 체력적으로 정말 힘들다.

또 추운 지방은 땅이 늦게 녹는다는 단점이 있다. 홍천의 경우, 4월은 되어야 굴삭기로 땅을 팔 수 있다. 그전에는 드릴로 땅을 뚫어야 할 정도로 땅이 얼어붙는다. 겨울에 얼어 있는 땅은 함부로 건들이면 안 된다. 토목공사도 마찬가지이다. 공사로 인해 땅이 얼었다 녹았다 하면서 연못 전체가 지형이 바뀌어 버릴 수도 있고 주변의 땅이 움푹 파일 수도 있다.

　실제로 가물치 연못도 주변의 땅이 얼었다 녹았다를 반복하면서 많이 꺼졌다. 그래서 여름에 흙탕물이 계속 유입이 되고 있다.


## 2) 연못 설계도 만들기
　각자 만들고 싶은 연못의 이상향이 있을 것이다. 연못을 멋지게 만들기 위해 모양을 내는 것도 중요하지만, 그보다 먼저 확인해야 하는 것이 바람의 방향이다. 바람이 어느 쪽에서 불어오는지를 확인하고 출수구를 그쪽으로 내야 연못에서 나오는 기름 성분(유막)이나 물 위에 뜨는 이물질들을 자연적으로 제거할 수 있다.

　나는 땅콩 모양으로 설계도를 그렸는데, 물이 내부에서 굴곡지게 흐르도록 구성했다. 모양이 크게 중요하지는 않다. 하지만 물의 흐름은 반드시 고려하여 모양을 내야 한다.

물이 고이는 장소가 생기게 된다면 청태(초록색 이끼)뿐만 아니라 갈색의 이끼도 끼게 되면서 굉장히 보기 싫어진다. 이런 부분을 미연에 방지하거나 준비해야 한다.

또 설계 자체보다는 어떤 종의 식물을 심을 것인지 사전에 조사하고, 공부하고, 계획을 세운 뒤에 연못 공사를 하라고 조언하고 싶다. 한국에 유통되는 습지 식물들이 대략 30가지 정도가 되는데, 이중 절반 이상은 수입 식물들이라 월동이 안 되는 경우가 많다.

한국의 추운 겨울을 나지 못하고 다음 해에는 다시 자라지 못하게 된다. 그러면 처음부터 식물을 다시 심어야 하는데, 시간과 비용, 육체적 노동이 너무 많이 든다. 그러므로 사전에 식물에 대한 공부를 꼭 해야 한다고 강조하고 싶다.

그리고 모든 문의에 대해 똑같이 답하고 있는 부분은, 연못을 만들기 전에 30cm의 작은 수조라도 먼저 운영해 보라는 것이다. 수중 생태계는 크거나 작거나의 차이만 있을 뿐 대부분 비슷한 사이클을 통해 돌아간다. 30cm의 수조에서는 3cm짜리 물고기를, 30m의 연못에서는 1m짜리의 물고기를 키우는 것은 근본적으로 같은 원리인 것이다. 적은 비용으로 먼저 시도해 보고 도전하는 것을 권유한다. 그렇지 않으면 정말 힘든 길로 돌아갈 수 있다.


### 3) 땅 파기

설계도까지 완성했다면 본격적으로 삽을 들 차례이다. 먼저 땅을 팔 때는 단을 내야 한다. 돌을 쌓기 위해서다. 방수포 연못의 경우엔 돌과 자갈, 그리고 그 사이에 자연적으로 쌓이게 되는 슬러지가 굉장히 중요한 작용을 한다. 여기에 수서 곤충이 서식하고, 물고기가 섭식을 하고, 식물이 뿌리를 뻗을 수 있기 때문이다. 층을 내지 않으면 이를 만들기가 불가능하다.

기존에 유행하던 콘크리트 연못과 방수포 생태 연못의 차이점이 바로 이 부분에서 나온다. 콘크리트는 식물을 심지 못하지만, 생태 연못은 단에 식물을 심을 수 있다. 지금도 콘크리트로 틀을 짜고 거기다 방수포를 덮고, 자갈을 넣어 식물을 키우면 되지 않느냐는 항변(?)이 오는데, 진심으로 궁금해서 물어보는 것인지 아니면 아무런 고민을 하지 않고 댓글만 남기는 것인지 정말로 이해하기가 어렵다.

콘크리트 작업은 굉장히 고비용이 드는 작업이다. 틀 작업에 소요되는 인건비와 콘크리트를 굳히는 작업, 방수 작업 등을 생각하면 합리적이지 않다. 실제로 우리 영상에도 계속해서 비슷한 댓글이 달리고 있다.

### 4) 부직포, 방수포 깔기

나는 연못을 만들 때 시멘트보다는 방수포를 사용하라고 조언한다. 사실 시멘트는 쓰지 않았으면 한다. 악뚜를 키울 때 시멘트 벽돌을 사용한 적이 있는데, 기본적으로 시멘트 원료가 석회석이기 때문에 지속적으로 pH 염기성 성분이 연못 내로 들어가게 된다. 콘크리트를 만들 때 폐제품이나 나쁜 물질들을 넣기도 한다는데, 그것보다도 수질 pH가 바뀌어 물고기의 피부가 손상되어 죽는 경우가 많다. 락스 물에서 물고기를 키운다고 보면 된다. 미끌미끌해지다가 껍질이 벗겨지는….

해외에서는 연못용 방수포(Liner)를 판매하는데 한국에는 아직 없다. 해외에서 직구 할 수는 있지만 배송비가 너무 비싸서 사실상 구입하기 어렵다고 봐야 한다. 그래서 나는 인터넷에 나오는 모든 천막 공장에 전화해서 문의했고, 해외 제품과 최대한 비슷한 재질과 두께로 제작하여 사용했다.

내가 사용한 건 타포린 0.5T이다. 이보다 두꺼우면 잘 접히지 않는다거나 너무 무거워서 시공 중에 찢어져 버리는 문제가 생긴다. 타포린 0.5T는 예리한 칼로 자르지 않는 이상 잘리지 않으니 적절한 두께인 듯하다. 이번에 습지 여과기 재공사를 하면서 여과기 부분을 뜯어보았는데, 타포린 천막이 수압으로 외부의 흙과 결합되어 안전한 모습을 보여줬다.

천막을 주문할 때는 연못의 높이와 바닥면 1개를 합친 것의 1.2배는 주문해야 한다. 그래야 나중에 문제가 생기지 않는다. 나는 만일의 경우를 대비하기 위해 30%를 추가로 주문했다. 나중에 잘라내는 것이 부족해서 물이 들어가는 것보다 여유 있는 것이 낫다.

이렇게 어렵게 구한 방수포를 맨땅에 그대로 깔면 땅을 파면서 드러난 돌에 의해 찢어진다. 그래서 반드시 방수포를 깔기 전에 부직포(한국에선 보온덮개)를 먼저 깔아야 한다. 부직포는 특별히 요구되는 제품 사양은 없다. 다만 방수포를 지켜주는 중요한 역할을 하기에 잊지 말아야 한다.

방수포는 무게가 꽤 나가는 편이다. 가물치 연못의 방수포는 50kg이 훨씬 넘는 무게였다. 뭣도 모르고 두 명이서 깔았는데 한 시간이 걸렸다.

방수포를 깐 후에는 밑에서부터 밟아주며, 미끄러지지 않도록 고정해 준다. 이때도 찢어지지 않도록 주의해야 한다.

### 5) 돌 쌓기

방수포를 깔았다면 이제 돌을 쌓을 차례다. 돌 쌓기도 매우 중요한 과정이다. 이 돌들은 흙이 무너지는 것을 막고 나중에 연못의 생물들이 의지할 수 있는 탄탄한 벽이 된다. 돌은 직접 쌓을 수 없기 때문에 굴삭기 기사님을 불러야 한다. 이때 어떤 굴삭기 장비 기사님이 작업을 하느냐가 중요하다. 비싼 방수포가 찢어지지 않고, 돌이 무너지지 않도록 잘 쌓는 데에는 노련한 기술이 필요하기 때문이다.

　방수포가 찢어지면 되돌릴 수 없고 다시 붙이는 데 많은 비용이 들어간다. 장기적으로 봐도 좋을 것이 없다. 그러니 초보나 경력이 많이 없는 기사님은 되도록 피하는 것이 좋다. 10명 이상의 기사님들과 일해보며 느낀 것이다.

　큰 돌이 맨 아래에 들어간다. 어차피 물을 넣으면 아래 있는 돌은 안 보이기 때문에 되도록 못생긴 돌을 미리 골라두고 아래에 깔아준다. 나머지 크기의 돌은 물 밖으로 드러나는 부분이다. 위쪽에 잘 섞어서 쌓으면 된다.

　앞쪽에 쌓을 돌은 편편한 것들로 미리 골라두는 것이 좋다. 연못은 앞에서 보는 경우가 많은데, 그래야 보기 편하다. 뒤쪽은 한쪽 모서리로 능선처럼 올라가게 하는 것이 조경 미관상 좋다.

　사실 정답이 있는 것은 아니다. 각자의 취향과 연못의 특성에 따라 쌓으면 된다. 다만 돌이 연못에서 어떤 역할을 하는지를 생각하면서 쌓는다. 외관에만 치중하면서 본질을

잊어서는 안 되는 것이다. 그러기 위해서 처음 돌을 준비할 때 어떤 돌이 어디에 들어가는지 미리 생각하고 있는 것이 좋다.

   돌을 쌓을 때는 어떤 식물을 심을 것인지도 미리 공부하고 알아두어야 한다. 돌은 자연에서 나오는 것이기 때문에 크기가 모두 다르고 모양이 다르다. 수중 식물은 종류에 따라 살 수 있는 수심의 한계가 있는데, 연은 1m 내외의 깊은 물에서, 수련은 50cm 내외의 물에서, 어리연이나 속새, 꽃창포 등은 30cm 내외의 수심이 적합하다.

## 6) 물 붓기

이제 드디어 물을 부어준다. 수질이 안 좋거나 물에서 특별 성분이 나오는 경우가 아니면 연못용 물을 따로 구매할 필요는 없다. 우리는 지하수가 부족해 물차를 사서 물을 공급했지만, 물차나 수돗물도 결국 상수원에서 끌어오기 때문에 별 차이가 없다고 본다.

## 7) 식물 심기

식물을 심을 때 가장 중요한 기준은 한국의 겨울을 버틸 수 있느냐이다. 한국은 네덜란드의 종묘사가 TEST BED(새로운 기술·제품·서비스의 성능 및 효과를 시험할 수 있는 환경 혹은 시스템, 설비를 말한다)로 사용할 정도로 날씨의 기온 차가 크다.

그중 홍천이 전국에서 일교차가 가장 큰 편인데, 그래서 추운 강원도 북부는 피하라고 말한 것이다. 제주도나 남해 혹은 대전 정도만 되었어도 연못이 훨씬 다채로웠을 텐데, 하는 아쉬움이 있다.

수생 식물도 물속에서 뿌리를 뻗고 자라는 종류, 잎이 올라오는 종류, 물에 뜨는 종류 등 여러 가지가 있다. 검정말이나 붕어마름처럼 흔히 알고 있는 식물은 물속에서 자라며 물 위로는 올라오지 않는다. 이들은 작은 물고기의 은신처가 되거나 금붕어, 비단잉어 등의 산란처가 되기도 한다. 또한 어마어마한 양의 질소 화합물들을 흡수하기 때문에 그 가치가 있다.

잎이 올라오는 종류는 연, 갈대, 억새, 꽃창포, 창포 등이 있다. 추수 식물이라고도 불린다. 이외에도 칸나나 카라 등 많은 수입 식물이 있다.

식물은 성장에 있어 NPK가 반드시 필요한데, 이는 질소·인·칼륨을 의미한다. NPK는 식물 비료를 구입할 때에도 반드시 표기될 만큼 중요한 요소이다. 이 중 인과 칼륨은 물고기의 배설물과 지하수 등에서 얻을 수 있는데, 연못에서는 질소가 굉장히 중요하다.

질소가 쌓이면 과영양화 된 물로 인해 녹조가 끼게 되고 그 이상을 넘치게 되면 물고기가 떼죽음 당하는 상황을 볼 수 있다. 결국 박테리아, 식물, 물고기가 조화를 이루어야

유지할 수 있다.

　마지막으로 물에 뜨는 부유 식물은 개구리밥, 부레옥잠, 물배추 등이 있다. 개구리밥은 나중에 퍼지면 제거가 어려워 추천하지 않는다. 부레옥잠이나 물배추는 훌라후프 등을 넣어서 일정 부분에만 자라도록 하는 것이 가을을 생각하면 현명하다. 물론 개인의 취향이다.
　식물을 식재할 때에는 키가 작은 것이 앞쪽에, 큰 것이 뒤쪽 등선 위쪽으로 올라가는 것이 좋다. 그래야 관상을 해치지 않는다.

가물치 연못에는 노랑꽃창포, 창포, 연, 수련, 칸나, 갈대, 억새, 해수화, 노랑어리연, 물채송화, 부레옥잠, 물배추 등을 식재했다.

모두 크기가 다르고 성질이 다른 식물들인데, 칸나와 해수화는 홍천의 겨울을 버티지 못해 매년 초 새로 투입하고 있다. 다른 식물들은 서울 이남 지방이라면 버틸 수 있는 식물들이다. 연은 수심이 깊지 않고 영양분이 많지 않아 성장을 하지 못했는데, 본래 연을 키우려면 퇴비를 연못에 붓는 정도의 비료 성분이 필요하다. 단순 물고기의 배설물로 식물의 성장을 기대하기는 어려운 식물이다. 그래서 개인은 크기가 작은 수련을 키우는 것을 추천한다.

8) 여과기 설치

여과기는 연못을 만들면서 같이 돌리는 것이 수질 관리에 더 효과적이다. 나는 연못을 만들고 한참 후에 여과기를 설치했다. 여과기가 없는 상태의 연못 물이 어떻게 돌아가는지가 궁금해서 실험해 본 것이다. 여과기를 중국의 거래처에서 구입한 것이라 수입, 통관이 오래 걸려 설치가 늦어지기도 했다.

　사람들은 무여과 연못 또는 수조 시스템에 환상을 가지고 있다. 그러나 이것은 일반적으로 생각하는 '물고기를 키우는 환경'과는 동떨어져 있다고 생각한다. 무여과는 최소한의 안전 장치를 배제한 채 생물을 키우는 것이다.

　연못은 언제 어느 시점에 식물이 전멸할지 또는 외부에서 무엇이 유입되어 수중 환경을 망쳐버릴지 전혀 예상할 수 없는 환경이다. 식물로 최대한의 커버를 하고 여과기를 통해 최악의 상황을 배제한다고 생각하는 것이 좋다.

　2022년, 비가 너무 많이 와 온통 물바다가 된 적이 있다. 연못에 흙탕물이 범람했고 용존 산소량이 떨어지는 상황이 생겼다. 이럴 때 외부 장치가 없었다면 물고기들에게는 생고문을 하는 것이다. 실제로 높은 산소 포화도를 요구하는 철갑상어가 이때 죽기도 했다.

# 2.
# 계절별 연못 관리법

    식물을 식재할 때 가장 중요한 것은 부지에 맞는 식물을 심는 것이다. 처음부터 대량으로 심어서는 안 된다. 한국에 오래 있던 품종이든, 새로운 품종이든 마찬가지다. 일단 본인의 부지에 직접 심어보고 사계절을 보낸 후, 대량 식재를 결정해야 한다.

    지금까지 경험을 바탕으로 계절별로 생태 연못과 그 주변을 관리하는 법을 소개하고자 한다. 보통은 처음 일 년이 가장 길게 느껴진다. 조바심도 나고 빈 공간에 뭐라도 채워 넣고 싶다. 그런데 그게 반드시 옳은 방법인 것은 아니다. 식물을 키우는 데에는 시간이 필요하다. 그 어떤 산업보다 시간의 가치가 높게 평가받는 곳이 농업이다.

연못과 식물 관리는 마음을 비우는 것이 중요하다. 너무 많은 것을 기대하고 바라서는 안 된다. 날씨는 하늘이 정하는 것이고 사람이 조절할 수 없다. 내가 가물치 연못을 만들 때 참고하고 마음이 흔들릴 때마다 수도 없이 봤던 〈먹거리숲〉 영상에 이런 말이 나온다.

"SOME MAY FAIL, SOME MAY DO BETTER(어떤 것은 안 될 수도 있고, 어떤 것은 잘 될 수도 있습니다)" 이 말은 식물을 키우는 사람에게 진리다.

## 봄

봄은 풀과의 전쟁이 다시 시작되는 계절이다. 주로 풀을 뽑고 퇴비를 주고 비료를 뿌린다. 물론 이것은 봄에만 하는 일은 아니다. 연못에도 마찬가지로 수중 생물들이 깨어난다. 물고기 활동성이 높아지는 시기이기도 하다. 사이클이 다시 돌기 시작하며, 할 일이 생긴다는 이야기다.

가정에서 수조를 운영할 때와는 다르게 생태 연못은 물고기들이 움직인다고 갑자기 사료를 많이 주거나, 물고기를 더 투입하면 절대로 안 된다. 몸을 사려야 한다. 눈이 녹은 후 연못에 많은 물고기를 투입하면 온도가 오르면서 녹조가 발생할 확률이 올라간다. 수중 생태계 사이클이 깨지는 것이다.

먹이를 잔뜩 주고 싶겠지만 최소한의 양만 주는 것이 좋다. 꽃가루나 벌레들, 이끼가 자연적으로 생기면서 연못의 물고기들이 알아서 먹이 활동을 한다. 개구리가 알을 낳거나 벌레가 돌아다니면서 자연적으로 먹히기 때문에, 먹이를 주지 않아도 먹이 구조의 사이클이 알아서 돌아간다. 나도 2023년부터는 사료를 준 적이 거의 없다.

또 봄은 지난 가을 들풀들에서 맺혔던 씨가 발아하는 계절이다. 나는 제초제나 발아 억제제 같은 화학 제품을 사용하는 것에 반대하지 않는다. 안 쓸 수 있다면 좋지만, 써서 수고를 덜고 기계에 의존하는 행위를 줄일 수 있다면 그게 더 낫지 않은가, 라고 생각한다. 나만의 생각인가 했는데, 재야생화로 유명한 이자벨라 트리의 책을 읽어보니 이 팀도 제초제를 사용하고 있었다.

제초제도 일반인들이 생각하는 그라목손 같은 유해한 제품들은 더 이상 생산이 안 된다. 근래에 나온 제초제는 독성이 매우 적다. 토양에 닿는 즉시 분해가 되고, 자료를 살펴보면 물벼룩이나 수중 생물에게 거의 피해가 없는 편이다. 우리 연못을 기준으로 물벼룩이 죽을 정도의 독성을 띄기 위해서는 엄청나게 많은 양을 들이부어야 한다.

개개인들에게 모두 다 친환경(실제로 친환경인지는 모름)을 요구할 수도 없다. 현실적으로 그렇게 해서는 일이 되지 않는다. 귀농한 사람들은 대부분 첫해에는 제초제를 사용하지 않는다. 그러다 두 번째 해부터 제초제를 사용하기 시작하고, 세 번째 해에는 더 센 제초제를 사용한다고 한다.

제초제에 대한 안 좋은 인식이 지속될 것인가, 라고 한다면 나는 아니라고 본다. 현대 과학은 진화해 왔고, 지금 시대에 매연이 좋지 않다고 마차를 타고 다니라고 한들, 엔진차가 아닌 마차를 타는 사람은 없을 거다. 말을 관리하며 그걸 타고 다니는 것 보다 차를 이용하는 것이 효율성과 비용의 문제에서 모두 압도적이니까.

적절한 제초제의 사용은 오히려 더 많이 발생할 수 있는 환경적 비용도 줄일 수 있다. 실제로 유기농 농작물이 더 비싼 건 모두가 알고 있지 않은가? 그런데도 친환경(실제로

친환경인지는 모름)을 강조한 희한한 마케팅이 먹히고 있다.

말이 잠깐 샜는데, 잔디는 들풀이 올라오는 즉시 손으로 뽑는 것이 가장 좋기는 하나, 잔디용으로 개발된 선택성 제초제를 뿌리는 것도 나쁘지 않다. 일단 편하고 수고가 덜어진다.

마지막으로 봄에는 겨우내 망가진 부품들은 없는지, 물은 잘 나오는지, 수질이 변화하진 않았는지를 꼼꼼하게 확인하는 것도 중요하게 할 일이다.

## 여름

여름은 장마가 있는 계절이다. 생태 연못을 만들 때는 연못 가외의 둑을 올려 두는 게 굉장히 중요하다. 연못 가외는 아무래도 사람이 더 많이 지나다니다 보니(관람을 위해) 흙이 시공 초기보다 아래로 들어가는 경우가 있다. 그래서 시공 시에 둑을 최소 30~50cm 정도 올려서 시공하는 것을 추천하고 있다.

또한 장비로 누른다고 해도 겨울에 흙이 얼고 녹고 하면서 조금씩 아래로 내려가게 된다. 나는 이 부분을 몰라서 2년 동안 장마 피해를 봤다. 홍수가 나서 연못에 물이 들어가지 않도록 막거나, 식물의 물길이 막혀있지는 않은지도 수시로 확인해야 한다. 비가 내리는 중에도 식물에 물이 고여 있지는 않은지 꼼꼼하게 체크하는 것이 중요하다.

여과기는 제품에 따라 다른데, 외부 온도 변화에 영향을 덜 받도록 묻어서 사용하거나 천막 등으로 가려두는 것이 좋다.

## 가을

낙엽은 식물이 탄소와 유기물들을 저장하는 공간이고, 이는 수중 생태계에 긍정적인 영향을 준다. 박테리아나 생물들이 먹고 분해할 수 있도록 하기 때문이다. 습지 슬러지 같은 것으로 검색하면 자료가 많이 나온다. 옆새우, 토하, 미생물들, 미꾸라지 같은 물고기들이 이를 먹고 서식한다.

하지만 일반적으로는 외부에서 자연적으로 연못에 쌓이는 슬러지 자체가 꽤 많기 때문에 가을에는 심어둔 식물들의 낙엽을 제거하는 것이 좋다. 그렇지 않으면 자연적인 슬러지 퇴적 속도보다 훨씬 빨리 슬러지가 쌓이게 된다. 우리는 3년 차가 넘어가는 지금 시점에서 연못의 하부에 쌓인 슬러지들을 제거할 예정이다.

 나는 생태 연못을 지향한다. 그래서 자연의 흐름에 따라 변하도록 최대한 그대로 둔다. 가을에 중요한 것은 겨울을 대비하는 일이다. 식물 위에 나무껍질이나 왕겨 등을 두둑이 쌓아두어 추운 겨울에 식물이 얼어 죽지 않도록 대비해야 하는데, 이를 멀칭이라고 한다.

 멀칭은 식물의 뿌리나 가지의 온도를 방어해 주고 수분이 날아가는 것을 막아준다. 멀칭해 둔 곳에 손을 넣어보면 미생물의 발효 과정과 지열로 인해 따뜻하다. 바람을 타고 날아오는 씨앗들이 흙에 뿌리를 뻗지 못하게 하여 잡초가 자라는 것을 막아주기도 한다. 산에 가보면 낙엽이 많은 곳에는 풀이 없는 것을 볼 수 있는데, 비슷한 원리라고 보면 된다.

 멀칭재의 종류로는 비닐, 바크, 볏짚 같은 것이 있는데 친환경으로 갈수록 비용이 증가한다. 늦여름이나 초가을에 나무껍질이나 동물의 분비물을 잘 모아두었다가 멀칭에 활용하면 비용을 절약할 수 있다. 연못에서 나온 식물의 잔해 역시 퇴비로 사용할 수도 있고, 멀칭재로 사용할 수도 있다. 잘 말려서 동물의 먹이로 줄 수도 있다.

가을에는 물고기들에게 많은 양의 사료를 줘야 한다. 그래야 지방질이 쌓이고 겨우내 먹지 않아도 생명을 유지할 수 있는 에너지원을 확보할 수 있다. 물론 낙엽이나 벌레 등으로 살이 찌는 시기이기도 하지만 대비해서 나쁠 것이 없다.

겨울에 단풍이 들며 썩게 되는 수초는 물새들에게 필수적인 나이아신이 많이 포함되어 있기 때문에 지속적으로 걷어서 먹인다면 따로 비타민제를 급여할 필요가 없다.

## 겨울

겨울에도 식물은 물이 필요하다. 따뜻한 겨울에 오히려 식물들이 피해를 입는 경우가 많은데, 이는 가뭄 때문에 눈이 오지 않아서 그렇다. 눈이 오면 토양의 증발을 막아주고 표면의 온도는 어느 정도 올라가게 된다. 그렇지 않을 경우

토양이 건조해지고 뿌리가 건조해지면서 목대 피해를 입게 되는 것이다.

겨울철에는 물고기 먹이를 따로 주지 않는다. 냉수성 물고기가 아닌 이상 물고기도 월동을 한다. 늦가을에 수온이 10℃ 이하로 내려가면 활동량이 줄어들고, 먹이도 잘 먹지 않는다. 수심이 깊은 곳의 돌밭 사이나 저층에 가만히 은신하며 추위를 견딘다.

연못에는 미리 여과기나 펌프의 동파 방지 작업을 해둔다. 얼음이 얼지 않게 할지, 아니면 그대로 두고 얼음이 얼게 할지가 중요하다. 보기에 좋지는 않지만, 얼음이 얼게 둬도 나쁠 건 없다. 어떻게 할지는 본인의 선택이다. 얼음이 얼면 그 아래의 수온을 유지해 주고 열이 뺏기는 것을 방어하기 때문에 수온은 되려 유지된다.

# 3.
# 생태계에 대한 이해가 먼저다

 2022년 연초에는 일이 너무 바빠서 아예 홍천을 가지 못하거나, 잠깐 들러 몇 시간만 있다가 바로 서울로 돌아가는 일상이 계속됐다. 그래서 몇 달간 유튜브도 하지 못했다. 매장 일만 신경 썼고 연못 관리는 오랫동안 하지 못한 상태였다.

 그러다 4월경 오랜만에 홍천을 찾아 연못 속을 살펴보았는데, 생물들은 활기차게 헤엄치고 있었다. 생태 연못에 생태계가 잡히고 오염에 대해 상대적으로 방어가 가능해졌기 때문이다.

 수질은 물의 양이 늘어날수록 관리가 쉬워진다. 수조와 바다에 같은 양의 오염 물질을 넣는 것으로 비교해 보면 쉽

게 알 수 있다. 먹이 또한 자연이 공급해 주는 벌레와 생물들이 있으니 몇 달 안 봐도 문제가 없다. 왜가리처럼 물고기를 직접적으로 잡아먹는 포식자만 없다면 문제 될 것이 없는 것이다.

이는 생태 연못이 아닌 일반적으로 만드는 연못이라면 절대 불가능하다. 수초와 내부 사이클이 잡히지 않은 연못이라면, 여과기를 지속적으로 청소하고 청태를 제거하고 이끼를 닦아내야 한다. 그래야 물고기가 청태에 끼어 죽거나 녹조의 독성으로 전멸하는 상황을 방지할 수 있다. 수조가 아닌 연못을 만든다는 건, 수중 생태계와 주변 생태계에 대한 근본적인 이해를 선행한 뒤 접근해야 한다.

귀농하고 동네에 사는 분들이 가끔 놀러 오신다. 그분들 중 대부분이 연못을 몇 개씩 만드셨던 분들이다. 오셔서 하나같이 하는 말이 "관리가 너무 힘들다", "묻어 버렸다" 등이다. 보통은 초반의 녹조나 청태에 질려서 연못을 없애버리시는 것 같다.

수초를 심고 조금만 시간이 지나면 안정화 될 텐데 아쉬운 마음이다. 그렇지만 안 좋은 기억을 갖고 계신 분들은 아무리 말씀을 드려도 다시 시작할 엄두를 내질 못하는 것 같다.

## 구정물은 사람의 관점이다

나는 죽은 나무도 수질 관리에 활용했다. 보통 수조를 운영할 때는 유목을 넣는다. 관상의 효과도 있고 탄닌이나 휴믹산과 같은 무기물이, 죽은 나무에서 방출되기 때문이다. 그 때문에 물이 검게 바뀌기도 한다.

이 효능은 줄스 매장을 운영할 때 효과를 톡톡히 봤던 거다. 양서류들은 환경의 작은 오염으로도(배설물이나 허물 등) 곰팡이 병이 굉장히 많이 발생한다. 그럴 때는 우리가 직접 탄닌과 휴믹산의 농도를 배합해서 만든 허프워시를 사용했는데, 곰팡이나 세균성 질환은 거의 다 잡을 수 있던 제품이다. 매장을 정리하면서 더 이상 생산이 안 되는데, 지금도 판매해 달라는 요청이 오는 제품이다.

허프워시는 블랙워터라고 하는 아마존의 수질 상태에서 아이디어를 얻어 개발하게 된 제품이었다. 아마존의 물은

맑은 색이 아닌 갈색 물이라고 알려져 있는데, 이는 주변에 있는 나무에서 떨어진 낙엽과 나무들에서 나오는 탄닌으로 인해 검어지는 것이다. 물의 색이 어두워지면서 물고기들은 안정감을 느끼게 되고 더욱 원활한 서식과 번식이 가능해진다. 세균성 질환으로부터 자연적 치유가 되는 것은 덤이고. 역설적인 건, 수조를 운영하는 분들은 이 갈색 물을 없애기 위해 활성탄을 구입해 물을 다시 투명하게 바꾸기도 한다는 것이다.

가물치 연못의 여과기를 들여다보는 영상에서, 구정물로 보이는 것이 연못에서 중요한 여과 박테리아라는 사실에 놀라는 분들도 많았다. 여과 박테리아는 물속에 서식하는 세균을 의미한다. 가물치 연못은 작은 여과기를 돌렸기에 직관적으로 볼 수 있는 부분이 여과기 내부뿐이었지만, 실제로는 연못 내부에 존재하는 모든 표면에 박테리아가 달라붙어 서식하게 된다. 돌이나 수초, 모래 심지어는 여과기에 연결된 호스에도 박테리아가 서식한다. 이를 알 수 있는 건 만져보면 된다. 미끌미끌한 것이 바이오 필름이라고 불리는 박테리아의 아파트라고 보면 되는 것이다.

여과기 구정물은 여과기 내부의 필터를 만져서 이 바이오 필름이 물리적으로 떨어져 돌아다니는 것인데, 박테리아는 수중 환경에서 수중 생물들에게 해가 될 수 있는 물질을 분해하는 역할을 한다. 생물의 변이나 낙엽 등에서 방출되는 암모니아는 독성이 있다. 이를 아질산염으로, 또 질산염으로 바꾸어 주면서 독성은 차츰 옅어지게 된다. 물론 질산염과 암모니아도 쌓이게 되면 생물이 죽기 때문에 식물이 흡수하도록 유도해야 한다. 일반적으로 수조를 운영하는 분들은 잘 아실 거다.

다만 수조와 비교해 연못의 차이는 바닥층에 슬러지가 쌓이면서 혐기(산소가 들지 않는) 부분이 생기고 이곳에 혐기 박테리아가 서식한다는 거다. 수조의 환경이라면 수초가 먹어 치우거나 환수로만 해결할 수 있는 질산염을, 가스의 형태로 제거하게 되는 것이다. 연못에서 가끔 뽀글뽀글 기체가 올라오는 것이 이 가스라고 이해하고 있다.


## 잔디도 논문으로 공부한다

잔디도 여러 종류가 있다. 한지형 잔디, 난지형 잔디 또

는 이에 속하는 한국산 잔디 등. 한국 잔디도 종류가 많지만, 재밌는 것은 한국의 들잔디는 성분비 때문에 동물의 사료로 사용할 수가 없다는 것이다. 그런데 해외에서 수입된 잔디(그라스)들은 대부분 사료용으로 가능하다.

  원래는 사료로 사용하던 풀을 사람들이 정원에 심고 짧게 자르면서 잔디로 활용하게 된 것이다. 선후 관계가 바뀐 거라고 볼 수 있다. 이런 잔디에 대해서 잘 알고 있는 분들이 많지 않았다. 동물을 키우는 분들은 동물 사료로만, 잔디를 키우는 분들은 잔디로만 접근하다 보니, 토끼나 육지 거북이 같은 초식성 동물을 키우시는 분들만 알음알음 알고 있던 정보였다. 초식 파충류나 토끼 같은 초식 동물들을 키우는 분들은 절대 모를 수 없는 알파파나 티모시도 잔디로 사용되기 때문이다.

  원래 사료로 사용되는 수입된 잔디들은 체장이 높게 자란다. 그러다 보니 계속해서 잘라주어 일정한 크기를 유지해야 한다. 이에 반해 한국의 들잔디는 체장이 짧게 유지되어 좀 더 수월한 편이다. 골프장에서 사용하는 잔디는 한지형, 난지형을 사용하는데 사실 잔디는 굉장히 전문적인 영역이고 전문가들이 많이 계셔서 지금도 골프장 잔디 관리하는 분들께 계속 여쭤보고 배우고 있다.

　레드클로버도 심었는데, 클로버는 사실 조경을 하거나 잔디밭을 가꾸는 분들은 절대 심지 않는 풀이다. 씨가 잘 퍼져 여기저기 클로버가 나기 때문이다. 하지만 클로버 역시 좋은 조사료 중 하나다.
　잔디로 나오는 식물들도 성분이 모두 다르고 서식 환경이 다르기 때문에 사료용으로 심었다. 실제로 사료용으로 재배하는 경우에는 혼합해서 파종해 동물이 적절한 영양분을 공급받을 수 있도록 유도하기도 한다.

# 에필로그

어떻게 하다 보니 무려 3년이나 출판 작업을 하게 되었습니다. 돌아보니 이 정도면 대학을 다시 갈 수 있겠더라고요.

처음 출판 제안을 받았을 때 '무슨 이야기를 해야 하지'부터 고민이었습니다. 저는 어딜 가도 제가 무슨 일을 하는지 먼저 이야기하지 않습니다. 특이한 취미이자 직업이다 보니 일일이 설명하는 데 굉장한 어려움을 느끼거든요. 그렇게 해본 적이 없는 이야기를 하려니 더 막막했습니다.

어떤 사람들은 저를 희귀 동물 수입업자로, 어떤 사람들은 악어를 키우던 사람, 어떤 사람들은 연못 만드는 유튜버로 알고 있을 겁니다. 그런데 책을 작업하면서 저도 잊고 지내던 에피소드들이 기억났습니다. 그러면서 동물을 키우는 것에 대한 생각이 다시 한번 갈무리되는 기회를 얻었습니다.

동물을 키우다 보면 키운다는 것 자체가 옳은 것인지, 어느 부분까지가 보호인지에 대해 끊임없는 자문을 하게 됩니다. 이에 대해 무엇이 정답인지 거창한 논의나 저의 생각을 강요하고 싶은 마음은 없었습니다. 다만 시간이 흐르면서 그 객체에 대한 사회적 인식도 바뀌고 있으니 '이 사람은 이런 생각으로 동물을 키워왔구나' 하는 정도의 관점에서 봐주시면 좋겠습니다.

원고 작업을 막 시작했을 때는 수국을 뒤덮고 올라오는 들풀을 매일 뽑았고, 그해와 다음 해까지 홍천의 겨울을 버티지 못한 수국과 식물들을 보며 좌절했습니다. 반쯤 자포자기해 들풀 제거를 하지 않고 별다른 관리도 하지 않은 올해에는 자연 월동에 성공했습니다.

그새 식물들의 뿌리가 자리를 잡아 같은 생육 기간에도 보다 굵은 가지가 발달했고, 이로 인해 겨울을 버틸 힘을 얻은 게 아닌가 싶습니다. 주변에서 나는 들풀들과의 경쟁으로 더 강하게 성장한 건 아닐까 싶기도 하고요. 가만히 있는 식물도 들여다보면 여러 가지 생각이 듭니다.

좋은 제안과 기회를 주시고 또 출판 작업에 최선을 다해주신 장혜원 팀장님과 박영사 임직원분들께 감사합니다. 아울러 제 영상을 봐주시는 분들이 없다면 자연인 1에 지나지 않았을 제 책까지 봐주시는 구독자님들께도 감사합니다. 다른 경로로 책을 발견하신 분들께도 감사합니다.

감사합니다.

2025년 봄 홍천에서
김동영

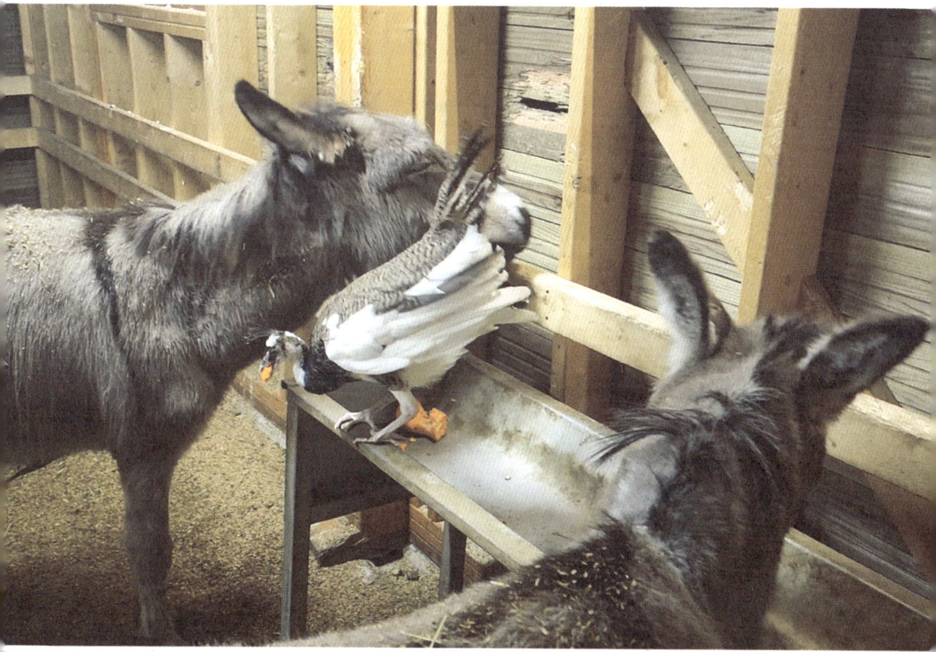

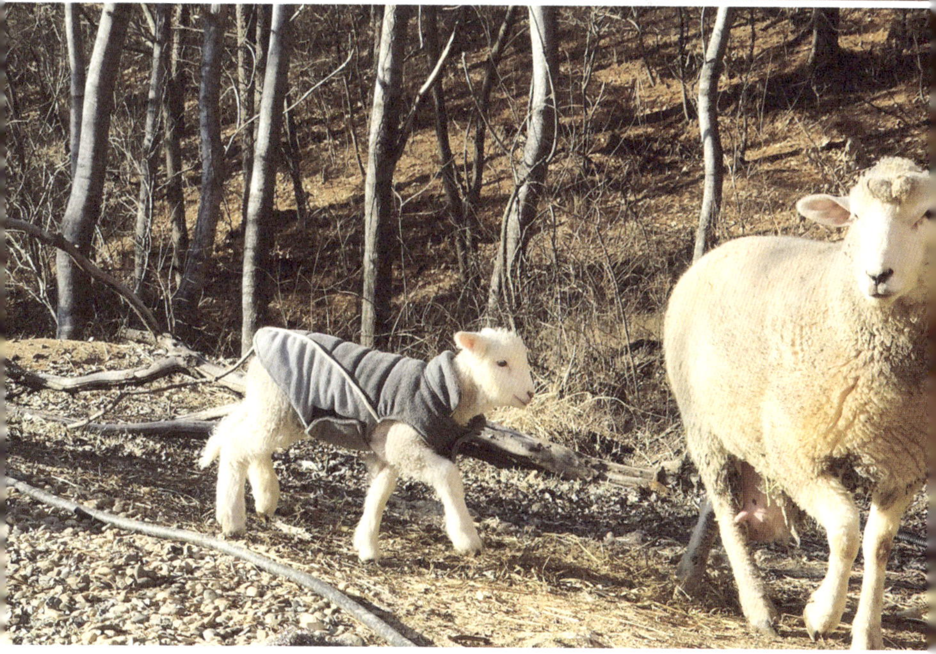

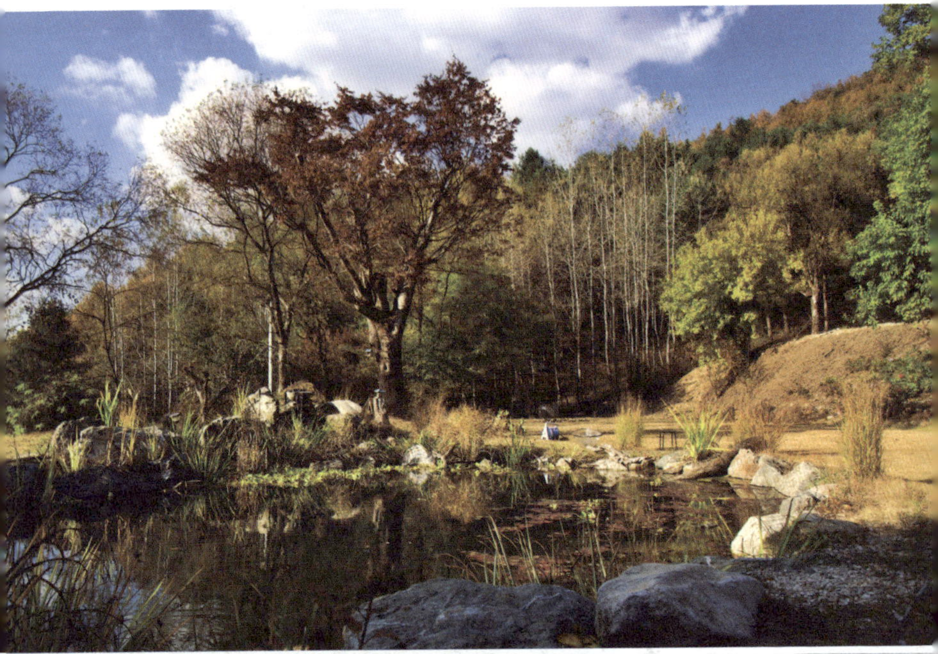

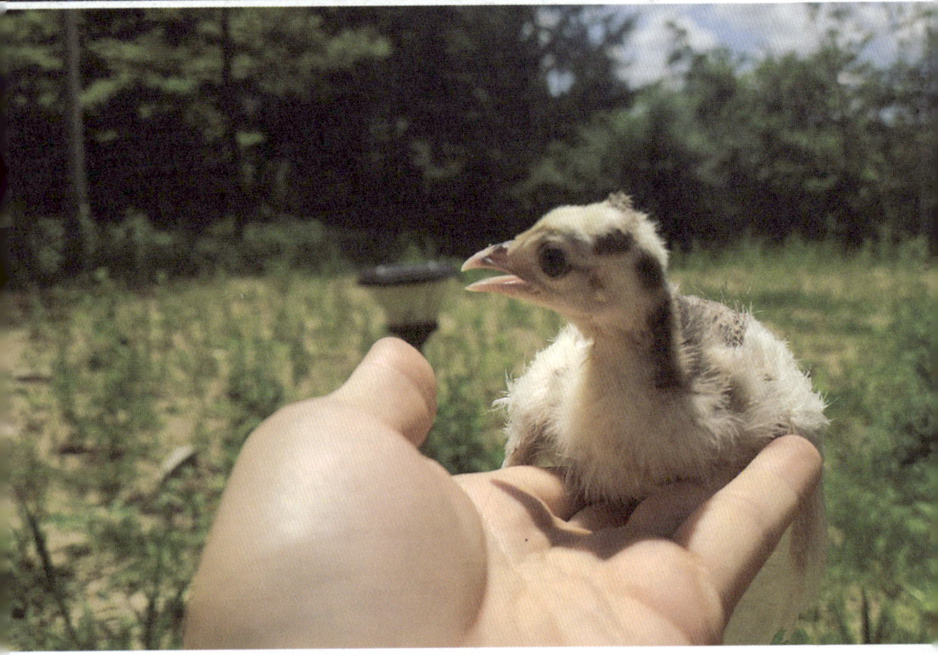

### 동물의 호의에는 이유가 없어서

**초판 1쇄 발행** 2025년 4월 28일
**지은이** 김동영(김줄스)
**펴낸이** 안종만·안상준
**편집 총괄** 장혜원
**디자인** 정혜미
**일러스트** 이혜지

**편집** 강승혜
**마케팅** 조은선
**제작** 고철민·김원표
**펴낸곳** (주)박영사
**등록** 1959년 3월 11일 제300-1959-1호(倫)
**주소** 서울시 금천구 가산디지털2로 53, 210호(가산동, 한라시그마밸리)
**전화** 02-733-6771   **팩스** 02-736-4818
**이메일** inbook@pybook.co.kr   **홈페이지** www.pybook.co.kr
**ISBN** 979-11-303-2299-5  03810

*파본은 구입하신 곳에서 교환해 드립니다. 본서의 무단복제행위를 금합니다.
*책값은 뒤표지에 있습니다.
*인폼은 (주)박영사의 단행본 브랜드입니다.